Uschi Constanze David

WENN DER HIMMEL FÄLLT

AF220254

USCHI CONSTANZE DAVID

Wenn der Himmel fällt

TRAUERMEMOIR

USCODA PUBLISHING

In Memoriam
Ernst Markus Stecher,
Fotograf, Kameramann und Filmemacher
in Liebe
immer und ewig

»There will be no one like us when we are gone, but then there is no one like anyone else, ever. When people die, they cannot be replaced. They leave holes that cannot be filled, for it is the fate – the genetic and neural fate – of every human being to be a unique individual, to find his own path, to live his own life, to die his own death.« (Oliver Sacks)

Ob ich mich schreibend über meine Trauer hinwegtrösten kann? Ich wage es zu bezweifeln. Trauer ist eine Reise durch ein fremdes Land und keiner kennt den genauen Verlauf dieser Reise oder weiß, wie sie ausgehen wird. Schreiben aber muss ich. Schreiben ist eine Art Überlebensstrategie.

Einleitung

Mir ist, als lägen zwischen gestern und heute mehr als tausend Jahre, dabei sind nur einige Stunden vergangen. Doch diese Stunden sind unfassbar für mich. Sie bilden keine Wirklichkeit ab, sondern zerfallen in bizarre Formen von Identität, die so gegensinnig sind, dass sie keinerlei Geltung entfalten können und mich ohne jeglichen Bezug zu mir selbst zurücklassen. Das Wirkliche wird, ohne dass ich Einfluss darauf habe, von mir abgestoßen, was einer Leere unbegreiflichen Ausmaßes Tür und Tor öffnet. Diese Leere wird zum Platzhalter eines nichtexistierenden Inhalts, der durch meine Negation höchste Wirksamkeit erfährt. Ich bin, ohne es zu wollen, abgetrennt worden. Wie konnte es so weit kommen? Wie kann es sein, dass ich rein körperlich existiere, jedoch nicht mehr wirklich anwesend bin? Ich versuche, mich zu erspüren, und erahne – ein Teil von mir ist weg. Er verschwand einfach, verschwand hinter einer unsichtbaren Wand, die nichts als Nebel in meinem Gehirn erzeugt und mich fassungslos und zutiefst erschüttert zurücklässt. Das Unwirkliche inmitten der Wirklichkeit ist ein Widersinn, den wir nicht begreifen können, aber leben müssen, wenn wir ihm ausgesetzt sind.

Unglücke nähern sich oft von einem Augenblick zum anderen. Manchmal schicken sie Vorboten, die von uns jedoch gerne übersehen werden. Häufig fängt es ganz harmlos an. Im Dezember 2019 bat mich der Mann meines Lebens darum, irgendwo mit mir alleine meinen Geburtstag feiern zu dürfen, fernab von zuhause, von Eltern, Kindern und Freunden. Im ersten Moment fühlte ich mich wie so oft, wenn er die Regie übernehmen wollte, bevormundet. Die Rebellin in mir lehnte sich auf, wollte sich die Gestaltung ihres Geburtstages offenhalten. Mir schwebte eher eine kleine Feier im Kreise der Familie vor, vielleicht noch ein paar gute Freunde dabei. Dann besann ich mich. Warum eigentlich nicht, flüsterte mir eine leise Stimme zu. Das kann sehr schön werden. Mehr als drei Jahrzehnte Rebellion hatten mich etwas klüger und zustimmender werden lassen. Gegen die Einfälle meines Mannes anzukämpfen, beschwor meistens Missstimmung herauf, und darauf hatte ich keine Lust. Einem sehr bestimmenden Menschen begegnet man am besten mit Entgegenkommen und Sanftmut. Außerdem belegte die Vergangenheit, dass es Spaß machte, sich auf seine Vorschläge einzulassen. Ich drosselte also meinen Unmut, stimmte zu und begab mich mit ihm in die gepflegte Welt eines Luxushotels. Welch ein Glück! Es wurde einer meiner schönsten und entspanntesten Geburtstage. Mein Mann verwöhnte mich wie eine Königin und ließ mich auf Wolke sieben schweben. Die Krönung meines über 60-jährigen Lebens und einer langen, langen Verbindung, die von vielen Hochs, aber auch gelegentlichen Tiefs geprägt war. Der wundervolle Rosenstrauß, der am Morgen auf dem Hoteltisch stand, erntete von allen Seiten bewundernde Blicke. Eine Frau, die am anderen Ende saß, erhob sich sogar, durchquerte den ganzen Raum, blieb an unserem Tisch stehen und sagte: »Sie müssen eine sehr bedeutende Frau sein.«

Unsere erste Begegnung

Die erste Begegnung zwischen meinem Mann und mir ereignete sich im Februar 1982 auf der Party einer stadtbekannten Altstadtdame. Flankiert von meinem derzeitigen Freund und seinem Journalistenkollegen lief ich als weiblicher Musketier verkleidet auf dem 60sten Geburtstag eben jener Stuttgarterin ein. Alle Gäste waren kostümiert. Manche trugen sogar Masken. Es war ein kurioses, beinah schon groteskes Fest. Meine Begleiter und ich wurden an einem Tisch platziert, an dem bereits zwei andere Männer saßen. Der attraktivere, der schweigend gegen die Wand gelehnt dasaß, erregte meine Aufmerksamkeit, weil er eine Art viktorianisches Retrohemd trug, wie ich es noch nie zuvor an einem Mann gesehen hatte. Ich linste unter meinem riesigen schwarzen Hut mit roter Krempe und großer weißer Feder hervor und musterte ihn. Er sah gut aus mit seinem halblangen welligen Haar, wirkte aber seltsam unbeteiligt, ja fast abweisend, als ob ihn das alles nichts anginge. Merkwürdig, dachte ich, warum ist er hier, wenn er in Wirklichkeit lieber woanders wäre? Während wir anderen immer ausgelassener wurden, wurde er immer in sich gekehrter. Irgendwann trugen mehrere schmucke Jungs Melle, die einst Tänzerin gewesen und dann zur rundlichen Stuttgarter Kultfigur angeschwollen war, auf einer Sänfte herein. Sie litt schwer an Diabetes vom Typ 2, konnte sich wegen ihres Volumens kaum noch bewegen, was sie aber nicht daran hinderte, sowohl ihren Auftritt als auch das Fest zu genießen. Alle jubelten. Der Einzige, der seltsam einsilbig blieb, war der attraktive Mann an unserem Tisch, dem ich hin und wieder einen verstohlenen Blick zuwarf. Während sie selbst schwer und träge in den Kissen hing, forderte Melle uns lautstark auf, es so richtig krachen zu lassen. Die meisten der Anwesenden ließen sich das nicht zweimal sagen. Vergnügt schwangen sie die Gläser und das Tanzbein. Nur der schöne Mann mir schräg gegenüber saß weiterhin da wie ein in Stein gemeißelter Barockengel, starrte auf sein Glas, nahm hin und wieder einen winzigen Schluck Bier und schwieg beharrlich. Je weiter die Nacht voranschritt, desto schweigsamer wurde er. Als schließlich wild

12

und immer wilder getanzt wurde, forderte ich ihn ausgelassen zum Tanzen auf. Ohne mit der Wimper zu zucken, verpasste er mir eine Abfuhr. Nun reichte es mir. Ich ließ ihn schleunigst links liegen, nannte ihn stillschweigend fortan nur noch trübe Tasse und Spielverderber, und vergaß ihn nach dieser rauschenden Nacht einfach wieder, so, als ob es ihn nie gegeben hätte.

Ein halbes Jahr später packte mich mitten in einer lauen Sommernacht der Frust. Hinter mir lagen arbeitsreiche Tage und zudem ein Heiratsantrag. Ihn anzunehmen, schob ich seit Monaten vor mir her. Schließlich stellte mir mein Freund, der sich lange geduldig gezeigt hatte, ein Ultimatum – entweder ja oder nein bis zum Ende der Woche. Ich fühlte mich in die Enge getrieben. Rastlos und ratlos fuhr ich deshalb mitten in der Nacht in die Stuttgarter Innenstadt, um auszugehen. Als ich eine angesagte Szenenkneipe betrat, stach mir ein Mann ins Auge. Er saß am Tresen und strahlte eine so betörende Sinnlichkeit aus, dass ich mich tranceartig angezogen fühlte. Extrem leger gekleidet und lässig stand er da, sein halblanges braunes Haar schmiegte sich in sanften Wellen um sein attraktives Gesicht. Er sah aus wie ein verruchter Barockengel, was immens anziehend auf mich wirkte, denn ich stufte ihn sofort als unkonventionell ein. Nichtsdestotrotz war ich unschlüssig. Sollte ich mich neben ihn stellen oder nicht? Nachdenklich ließ ich meinen

13

Blick zu dem Getränk wandern, das vor ihm stand, und war verblüfft. Da stand ein Glas Limonade. Hätte es sich um etwas Hochprozentiges oder um ein Bier gehandelt, wäre ich mit Sicherheit nicht an ihn herangetreten, und meine Welt sähe heute anders aus. Doch es war eindeutig eine Limo. Zitronengelb perlte sie im Glas und versetzte mich einen Augenblick lang in meine Kindheit, als Bluna ein Markenschlager und Glücklich-Macher war. Das Sonnenkind in mir juchzte. Das gab den Ausschlag. Dieser Mann war anders als andere Männer. Bunter. Flippiger. Cooler. Ein Mann, der sich traute, mitten in der Nacht in einer Bar eine Limonade zu trinken, der ohne Alkohol zu konsumieren Spaß haben konnte, musste ein interessanter Typ sein. Zudem hatte ich das Gefühl, dass wir uns schon mal begegnet waren. Also stellte ich mich neben ihn und sprach ihn an. »Du kommst mir bekannt vor«, sagte ich. »Kennen wir uns?« Er verneinte. Ich gab nicht auf, rätselte lauthals weiter herum, wo wir uns begegnet sein könnten. Doch weder ich noch er kamen darauf. Nachdem das Rätsel nicht zu lösen war, thematisierte ich das Glas das vor ihm stand. »Das ist so toll. Ich habe noch nie einen Mann kennengelernt, der mitten in der Nacht Limonade trinkt«, plauderte ich bewundernd drauf los. »Das liegt nur daran, dass ich letzte Nacht zu viel gesoffen habe. Ich gönne meiner Leber eine kleine Pause«, entgegnete er grinsend. Ahnte ich bereits damals, dass es herausfordernd sein würde, ihn zu lieben, dass sich Abgründe auftun könnten, die man ihm nicht auf Anhieb ansah? Möglich. Doch das spielte keine Rolle mehr. Ich befand mich längst im bislang heißesten Flirt meines Lebens. Alles in mir vibrierte. »Ich bin 36 und wie alt bist du?«, fragte er mich und ließ seinen samtenen Blick dabei verführerisch über meinen jungen Körper wandern. 36? Das konnte nie und nimmer stimmen. Ich schätzte ihn allerhöchstens auf 28. »Das ist doch Schwindelei. Du willst mich bloß abschrecken«, behauptete ich kühn und streckte ihm keck meinen Busen entgegen. »Nein, nein, ich will dich nicht abwimmeln, bin wirklich 36«, erwiderte er. »Außerdem war ich schon zweimal verheiratet und habe von der Ehe die Nase gestrichen voll«, fügte er hinzu, während er in seinen Taschen nach einem Ausweis suchte. Seine Augen funkelten vor Vergnügen. Ich glaubte ihm kein Wort. Meine Lust, ihn zu verführen, steigerte sich. »Wer spricht von heiraten«, ließ ich verlauten und meinte es in diesem Moment auch ganz genauso, wie ich es von mir gab. Die Welt war Bluna, ich war Bluna. Alles war Bluna. Bluna wurde zum Leitmotiv des Abends. Mein Geist sprühte und seiner ebenfalls. Jede einzelne meiner Körperzellen tanzte. Lust und Geilheit standen auf nie dagewesene Weise im Raum. Bis auf einen einzigen fielen alle anderen Gedanken von mir ab. Ich vergaß meinen Freund mitsamt seinem Heiratsantrag, vergaß die Zeit, ja, mein ganzes bisheriges Leben. Ich war wie entfesselt. Ich

15

pfiff auf den Anstand und die Moral, die mir vom Elternhaus beigebracht worden waren. Dieser Mann vor mir war so heiß, das konnte ich unmöglich ignorieren. Wochen später war ich von meinem Quasi-Verlobten getrennt und bereitete mit meinem neuen Liebhaber, dem Mann jener Nacht, eine Reise nach Asien vor.

Als ich einige Monate später in Thailand aus einem Open-Air-Restaurant stürmte, war es nicht nur, um mich von der Essensmasse zu befreien, die so übel nach oben drängte, dass ich sie unbedingt loswerden musste, auch ihm wollte ich entkommen. Ihm, dem Mann, in den ich mich erst wenige Monate zuvor so heftig verliebt hatte, der mich unter Strom setzte, sobald er nur den kleinen Finger nach mir ausstreckte. Er war der Mann meiner Träume. Sein Schlafzimmerblick war umwerfend. Und doch spürte ich in diesem Moment das drängende Bedürfnis, mich so weit wie möglich von ihm zu entfernen. Ein kleiner, eigentlich lächerlicher Disput überwältigte mich emotional dermaßen, dass ich einfach davonlief. In einer dunklen Ecke einige Straßenzüge weiter kotzte ich mir nicht nur die Seele aus dem Leib, sondern kam zu dem Schluss, dass meine und seine Lebensvorstellungen viel zu weit auseinanderlagen. Ich erwog ernsthaft, das Weite zu suchen. Vorerst aber musste ich erst einmal meinen Mageninhalt loswerden. Von Jugend an übten lässige, unkonventionelle Menschen einen außergewöhnlichen Reiz auf mich aus, gleichzeitig stellten sie

16

und ihre Lebensweise aber auch eine Herausforderung für mich dar. Ich bin die Tochter kleinbürgerlicher, strebsamer Eltern. So sehr mich alles Lässige und Unkonventionelle stets anzog, auf irgendeine Weise stieß es mich auch ab, weil ich mich ihm nicht gewachsen fühlte. Damals wusste ich das noch nicht. Heute aber weiß ich, dass das Kleinbürgerliche zahlreiche Gestalten hat, dass wir alle Widersprüche in uns tragen und dass uns das Leben immer einen Spiegel vorhält, so sehr wir ihm auch zu entkommen suchen. Alles, was in uns lebt und wirkt, begegnet uns wieder, ob wir nun wollen oder nicht. Die Schatten sind allgegenwärtig. Wir können nur lernen, mit ihnen zu tanzen. Für mich stand in dieser Nacht die drängende Frage im Raum: Soll ich mich aus der Gefahrenzone bringen, also Schluss machen?

Beginn einer großen Liebe

Ja, ich wollte dem Mann entkommen, der im Open-Air-Lokal auf mich wartete. Vorausgegangen war kein ernsthafter Streit, sondern neben der Angst vor Identitätsverlust eine Art Mattigkeit darüber, wie die Dinge liefen. Das Glücksgefühl, das mich in den ersten beiden Monaten völlig beherrscht hatte, hatte an Farbe verloren. Die rosa Brille war zwar noch nicht ab, aber ich sah klarer. Die Buntheit fing an zu verblassen. Die ersten Pastelltöne schlichen sich ein. Nicht so mein Ding. Ich wollte neue knallbunte Bonbons sammeln und die bleiben, die ich war. Ich wollte von seinem vereinnahmenden Einfluss, seiner Lust, Regie zu führen, abrücken, wollte meine eigene Regisseurin sein. Vor der Begegnung mit ihm hatte ich nur Tee getrunken, Alkohol gemieden, weil er mir nicht bekam, auch das Rauchen hatte ich nach einigen wichtigtuerischen Exkursionen wieder an den Nagel gehängt. Doch mit meinem neuen Liebhaber kehrten Sex, Drugs and Rock n Roll in mein Leben zurück, was den Schmetterling in mir ziemlich trunken machte. Mein Geliebter war ein Mensch, der das Leben mit ungeheurer Intensität lebte, der keine halben Sachen kannte. Seine Versuche, mir seine Lebensart aufzudrücken, gingen mir da und dort tierisch auf die Nerven, vor allem aber wirbelten sie mich gehörig durcheinander. Und das mochte ich nicht. Mein Leben gehörte immer noch mir. Außerdem war ich ein konservatives und vorstellungsbegrenztes Weiblein. Während ich noch fieberhaft überlegte, wie ich mich ohne großen Schaden dauerhaft aus dem Staub machen konnte, fiel mir plötzlich ein, dass ich ihm vor etwa zwei Wochen hoch und heilig versprochen hatte, ihn in den kommenden fünf Wochen auf keinen Fall zu verlassen. Dieser Urlaub sollte eine Probe aufs Exempel sein. Ich hatte fest zugesagt, ihn gemeinsam mit ihm durchzuziehen, komme da, was wolle. Huch! Wir befanden uns noch mitten in der Frist. Was für ein Mist! Fairness bedeutet mir viel. Sie über Bord zu werfen, nur um meine Nerven zu schonen, käme einer Bankrotterklärung gleich. Doch der Drang wegzulaufen, war ebenso stark. Ich steckte im Zwiespalt. Wort geben und Wort halten, war mir wichtig. Tat ich es nicht, würde ich mich hundsmiserabel fühlen. Mir wurde klar, dass ich zu ihm zurückmusste, wenn ich mich nicht selbst unglücklich machen wollte. Doch Überlegungen sind das eine und Emotionen das andere. Ich konnte mich nämlich nicht vom Fleck rühren, blieb wie angewurzelt stehen. Da bog er plötzlich um die Ecke und baute sich vor mir auf. »Ich habe dich überall gesucht«, sagte er, »habe mir Sorgen gemacht. Du kannst doch nicht einfach so verschwinden und ewig nicht mehr wiederkommen.« Wir starrten uns aus großen Augen an. Ich fing an, mich zu verteidigen, erklärte ihm, dass ich mir die Seele aus dem Leib gekotzt hätte. Dass ich mit dem Gedanken gespielt hatte, ihn zu verlassen, verschwieg ich. Wenn du den Anfang hast, hast du die Hälfte.

Der lange Schatten einer unheilbaren Krankheit

Nicht sichtbar
Der Abgrund
Der sich auftut
Ein schwarzer Spalt
Von der Zeit übersprungen
Unergründlich in seiner grauenhaften Tiefe
Umtost von stürmischen Winden
Die ihre mächtigen Atemzüge in ihn hineinwerfen

Den Wänden entwindet sich ein Stöhnen
Hängt einen Moment lang regungslos im Raum
Bevor es der Sturm hinwegreißt

Wir kehrten am Sonntag, den 19. Januar 2020 von meinem Geburtstagsausflug zurück. Hinter uns lagen die wärmsten Januartage, die ich in 62 Jahren jemals erlebt hatte. Unglaublich milde, sonnige Tage, die sich aneinanderreihten, als ob es Frühling werden wollte. Am 16. Januar 2020 musste ich während eines Spaziergangs sogar die Jacke ausziehen und lief in einem kurzärmligen T-Shirt weiter. Das hatte es noch nie gegeben. Ich bin nämlich ziemlich verfroren, trage sogar im Sommer oft eine Jacke. Als wir etwa eine Stunde daheim waren, ging ich in den Keller, um etwas zu holen. Ich war noch nicht ganz unten angelangt, als ich bemerkte, dass der Keller fast kniehoch unter Wasser stand. Bestürzt schrie ich nach meinem Mann. Wir brachen in fieberhafte Aktivitäten aus, riefen einen Fachmann an, krempelten die Ärmel hoch, begannen, das Wasser abzupumpen und retteten, was zu retten war. Bis tief in die Nacht hinein schufteten wir wie die Verrückten. Schließlich hatten wir es geschafft und setzten uns völlig erschöpft an den Esstisch. Irgendwann erhob sich mein Liebster, ging zur Toilette. Als er zurückkam, sagte er ganz ruhig: »Ich glaube, du musst mich ins Krankenhaus bringen. Es ist ernst.« Ich blickte ihn erschrocken an. »Mein Urin sieht aus wie ein schwerer Rotwein«, fügte er hinzu. Das Leben kann sich von einem Moment auf den anderen ändern.

Von da an ging alles Schlag auf Schlag. Die Ärzte entdeckten einen Tumor in der Blase und legten einen

OP-Termin in der Klinik fest. Nur einen Tag später bekam mein Mann fast 40 Grad Fieber. Um den OP-Termin einhalten zu können, setzten wir alle Hebel in Bewegung. Der Blasenentzündung, die vom Arzt diagnostiziert wurde, galt es Einhalt zu gebieten. Noch am selben Abend besorgte ich ein Rezept für ein Antibiotikum, das ich mitten in der Nacht in der Apotheke einlöste. Die Entzündung sollte so schnell wie möglich abklingen, das war alles, was wir wollten, darauf fokussierten wir uns. Und wir schafften es. Der OP-Termin konnte wahrgenommen werden. Diagnose: Krebs. Ein riesiger Schatten fiel auf unser Leben. Der Tod demonstrierte seine Allgegenwärtigkeit.

Wenn ein geliebter Mensch schwer krank wird, hört sich das zunächst sehr dramatisch an. Die Wahrheit aber ist, dass das Grauen, das in unseren Alltag einbricht, ein sehr gewöhnliches Gesicht trägt: Ärzte, Untersuchungen, Krankenhäuser, der Wunsch nach Normalität, Alltäglichkeiten. Die Umstände des Katastrophenfalls sind banaler, als man denkt. Es bleibt einem gar nichts anderes übrig, als sich auf die damit verbundenen einzelnen Schritte zu konzentrieren. Es ist wie eine Art Programm, das unweigerlich abläuft. Linien, die vorgegeben sind, denen man folgt und mit denen man sich mehr oder weniger arrangiert. Es ist ein scheinbar lösungsorientierter Ansatz, der vor allem dem Wunsch nach Überleben Rechnung trägt und dabei doch so vieles außer Acht lässt.

Während sich weltweit die bislang größte Gesundheitskrise, die unsere Generation bislang erlebte, anbahnte, sah sich mein sinnenfroher und überaus vitaler Geliebter mit einem Krankheitsgeschehen konfrontiert, welches die WHO längst als »globale Bürde« tituliert. Allein im Jahr 2018 belief sich die Zahl der Krebsneuerkrankungen weltweit auf rund 18 Millionen, die der Krebstoten auf geschätzt 9,56 Millionen – Tendenz ständig steigend. Krebs ist eine Seuche, auch wenn das keiner allzu laut ausspricht, schon gar nicht die Betroffenen selbst, die zunächst ja vor allem mit ihrem eigenen Kampf beschäftigt sind. So verhält sich das auch bei meinem Mann. Er ist erst einmal still, lässt alles sacken, weiht nur die engsten Angehörigen ein, setzt auf den medizinischen Fortschritt. Es muss einfach gutgehen, lautet eine unausgesprochene Wahrheit zwischen uns, und die Ärzte runden sie mit ermunternden und lustigen Sprüchen ab. Doch das ist trügerisch. Denn was in einem bestimmten Augenblick wahr zu sein scheint, ist im nächsten Moment schon überholt. Krebs ist ein Leidensweg, der den ganzen Menschen fordert. Mehrere Operationen reihen sich aneinander. Die Folgen davon sind ein ständiges Brennen in der Harnröhre. Auch das Urinieren schmerzt. Mein Mann nimmt alles klaglos hin, folgt den Anweisungen der Ärzte unverdrossen und mit dem ihm üblichen Optimismus. Es ist März. Für die Angehörigen schließen sich die Türen der Krankenhäuser. Hinter den Kliniktüren ist mein Liebster ganz allein, glücklicherweise kehrt er aber immer wieder rasch nach Hause zurück. Draußen beginnt der Maskentanz. Die Angst geht um. Die Corona-Maßnahmen, was auch immer sie mit sich bringen und so bizarr sie auch anmuten, schaffen einen Schutzraum, in den wir beide uns zurückziehen. Wollen wir den Behandlungserfolg nicht gefährden, dürfen keine Infektionen und Komplikationen ins Spiel kommen. Das nehmen wir ernst. Ich beanspruche meinen Jahresurlaub, um eventuelle Risiken fernzuhalten. Trotz der Erkrankung ist es eine schöne Zeit. Freiwillig hocken wir zusammen in der Isolation, beschränken unsere vielfältigen Kontakte auf ein Minimum, leben unsere Zweisamkeit. Ganz auf uns zurückgeworfen finden wir Ruhe, fühlen uns geborgen, sind voller Eintracht und Besinnlichkeit. Es hat den Anschein, als könne uns nichts und niemand etwas anhaben. Naivität schützt nicht vor Leid.

Es treten erste Schwierigkeiten auf. Das Chemotherapeutikum, das meinem Geliebten in die Blase injiziert werden soll, ist nicht erhältlich. In der Apotheke erfahre ich, dass dies auch für viele andere wichtige Medikamente gilt. Mehrere Hundert, die meisten davon aus Asien kommend, sind nicht zu kriegen, haben seit längerer Zeit Lieferengpässe oder werden gar nicht mehr geliefert. Deutschland, das einst als Wirtschaftswunderland galt, hat Probleme, die öffentlich

25

kaum diskutiert werden. Zwar wurden und werden viele dieser Medikamente hier erforscht und entwickelt, aber produziert werden sie in China und Indien. Das Musterland Deutschland vertraut auf Tausende von Kilometern entfernte komplett andere Kulturen mit teilweise krass anmutenden Regierungen, um die Kosten zu senken. Eine dieser Kulturen wird von einer staatskapitalistischen Führungsriege beherrscht, die unter dem Deckmantel des Sozialismus Strukturen erschafft, die aus meiner Sicht keine Langnase (Changbizi), wie uns die Chinesen nennen, zu durchschauen in der Lage ist. Über Menschenrechte wird dort nicht diskutiert. Die eiserne Führung an der Spitze gestaltet die Regeln eines völlig falsch verstandenen Sozialismus und dank der üblichen Repressalien duckt sich das Volk. Doch der Westen mitsamt seinen Eliten sieht darüber hinweg, als hätte er vergessen, auf welchen Werten er einst erbaut wurde, ja, auf welchen Werten er fußt. Dummerweise hat sich die westliche Welt parallel dazu dem „Hauptsache-billig-Wahn" verschrieben und duckt sich mit. Wenn man so eine „kleine" Stadt, wie beispielsweise Tsingtau, ganz im Osten an der Küste des gelben Meeres gelegen, anfliegt, dauert der Überflug nur des Industriegebietes dieser einen Stadt sage und schreibe fast fünfzehn Minuten! Tausende von Fertigungshallen stehen dort, eine neben der anderen, mit dem Geodreieck geplant. Wir hier im Westen haben noch nicht wirklich kapiert, was da im

26

Gange ist. Es ist ein schleichender Umbau der Welt, dessen Auswirkungen erst zum Tragen kommen werden, wenn der Prozess unumkehrbar geworden ist.

Die behandelnden Ärzte sind ratlos. Einen Moment lang – und das ist schrecklich in einer solchen Situation – ist der Patient dem freien Fall preisgegeben. Dann die scheinbare Rettung: Einbindung in eine Studie finanziert von einem Pharmaunternehmen, das neuen Wirkstoffen den Weg bahnen will. Strohhalme, die einem wie ein Rettungsanker erscheinen und nach denen man verzweifelt greift. in Wahrheit aber sind sie nichts als Strohhalme. Denn was auch immer sie erzählen – Krebs ist Anarchie. Entartete Zellen, die die natürliche Ordnung zerstören. Die Herrschaft über die verlorengegangene Ordnung wiederzuerlangen, die Entgleisung zu korrigieren, ist eine Mammutaufgabe, die höchsten Einsatz verlangt und auch größeren Weitblick erfordert, als derzeit im Gesundheitssystem vorhanden ist. Krebs ist nicht gleich Krebs und Immunsystem ist nicht gleich Immunsystem. Mein Geliebter stimmt der Teilnahme an der Studie zu. Was bleibt ihm auch anderes übrig? Er nimmt Tortouren auf sich, die sich über Wochen hinziehen, lässt alles klaglos über sich ergehen. Ich sitze mit ihm im Boot, rudere fleißig mit – immer in die gleiche Richtung. Seine liebevolle und ruhige Art mit der Krankheit umzugehen, löst bei den Ärzten und Sprechstundenhilfen Motivationsschübe aus. Sie tun ihr Bestes, erlauben

27

sich sogar persönliche Verbundenheit, was ihn glücklich macht, denn er ist ein sehr zugewandter Mensch. Wir beginnen naturheilkundliche Mittel einzusetzen und stellen die Ernährung auf basisch um. Artemisia annua kombiniert mit anderen Mitteln sollen den Krebs in seine Schranken weisen. Als mein Mann im Juni auf Empfehlung des studienleitenden Professors in einer anderen Klinik erneut operiert wird, tritt jedoch Erschreckendes zutage. Der Tumor ist trotz Behandlung und aller zusätzlichen Maßnahmen rasant nachgewachsen.

Aus dem Krebstagebuch meines Geliebten: 17.6.20 OP. Der Chefarzt der Urologie operiert selbst und stellt bei der Visite am 18.6. die Diagnose, dass die Blase entfernt werden muss, ebenso die Prostata. Schock!

Krebs nimmt den ganzen Menschen – und dementsprechend müsste er auch behandelt werden. Doch davon sind wir weit entfernt, obwohl wir uns doch für eine so hochentwickelte Gesellschaft halten. Sorgfältig zerlegt die moderne Medizin den Menschen in seine Einzelteile und behandelt diese. Im günstigsten Falle wird noch die Psyche mitberücksichtigt, aber der Mensch als Ganzes samt der Komplexität des Immunsystems und des Genoms ist (noch) nicht wirklich im Blickfeld. Läuft alles wie am Schnürchen, wird regelmäßig der Verlauf kontrolliert – und das war's!

Dass Krebs von Anfang an eine Erkrankung des Gesamtsystems ist, wird weitgehend ausgeblendet. Im überfordernden Praxisalltag hat zudem niemand die Zeit, sich um die komplexeren Zusammenhänge zu kümmern. Dennoch beharrt die Politik weiterhin auf einem 1,0 Numerus Clausus, sieht sich weder ernsthaft veranlasst, die Löhne der Pfleger/innen zu erhöhen, noch neue Strukturen zu etablieren. Eine reibungslose und umfassende Behandlung nach neuestem Stand der Wissenschaft und in Kombination mit allen zur Verfügung stehenden Erkenntnissen der Naturheilkunde unter Einbindung des Seelisch-Geistigen ist reines Wunschdenken. Man setzt auf teure Medikamente, deren Wirksamkeit selbst wissenschaftlich umstritten ist, und auf einen funktionalen Ablauf, dessen Funktionalität gar nicht mehr gewährleistet ist. Dabei erfordert die Krankheit Krebs aus meiner Sicht einen ganzheitlicheren und umfassenderen Ansatz. Doch das ist Zukunftsmusik. Es folgen weitere Untersuchungen. Sie ergeben, dass sich bei meinem Mann bereits Metastasen gebildet haben. Die Ärzte schlagen eine systemische Chemotherapie vor. Aus schulmedizinischer Sicht gibt es bei Krebs, vor allem im fortgeschrittenen Stadium, kaum eine andere Wahl als eine Chemotherapie. Was wir zu diesem Zeitpunkt nicht wissen und was auch keiner klipp und klar sagt, ist, dass die Chemotherapie nur eine sehr kurzfristige Lösung darstellt und ziemlich gefährlich werden kann.

Stattdessen muss der Patient Seiten unterschreiben, die ihm mehr oder weniger die Verantwortung für den Ausgang der gefährlichen Behandlung übertragen. Eine merkwürdige Absurdität, denn wie kann ein medizinischer und wissenschaftlicher Laie etwas verantworten, dessen Komplexität ihm fremd ist und dessen Ausgang selbst für Fachleute in den Sternen steht? Als das Ärzteteam in der Klinik nach drei intravenös verabreichten Gaben bei meinem Mann eine Zwischenbilanz zieht, fällt diese so katastrophal aus, dass selbst die Ärzte erschüttert sind. Der Krebs ist unter der Chemotherapie förmlich explodiert. Eine dramatische Verschlechterung hat eingesetzt. Wir erfahren, dass dies bei rund zwei Prozent aller Patienten der Fall ist. Das sind Menschen, bei denen die Chemotherapie zum Flächenbrand wird. Zu diesen zwei Prozent – oder sind es womöglich noch mehr? – zählt auch mein Liebster. Um einen Krebs gründlich auszumerzen, bedarf es eigentlich einer Chemo-Dosis, die mehr oder weniger tödlich ist. Also verabreicht man in der Praxis gerne geringere Dosen. Dabei können Krebszellen überleben, ja sogar Resistenzen entwickeln. Auch können solche Therapien den Krebs triggern. Im Jahr 2012 erschien eine Untersuchung vom Fred Hutchinson Cancer Research Center in Seattle. Die Wissenschaftler stellten fest, dass Chemotherapien gesunde Zellen dazu ermuntern, das Tumorwachstum zu unterstützen. Wenn gesunde Zellen von den

Chemo-Medikamenten beschädigt werden, schütten sie ein Protein aus, das sich WNT16B nennt. Dieses Protein sichert das Überleben der benachbarten Krebszellen. Darüber gesprochen wird aber so gut wie gar nicht. Vermutlich will man den Patienten nicht die Hoffnung nehmen.

Es ist Sommer. Unter der scheinbar glatten Oberfläche lauert die pure Verzweiflung. Wir rudern in unserem Boot wie verrückt, um den Stromschnellen zu entgehen, die uns in die Tiefe reißen wollen. Wir feiern kleine Familienfeste, genießen unser Zusammensein, die Sonne, den Wind und das Zwitschern der Vögel. Alles scheint friedlich. Doch das Ende des Sommers rückt unaufhaltsam näher. Am 30.9.2020 empfiehlt einer der behandelnden Ärzte meinem Mann, alles für ihn Wichtige in den nächsten zwei Monaten zu erledigen.

Aus dem Krebstagebuch: Er gibt meinem Überleben keine Chance. Als nächstes eine Immuntherapie. Bedinge mir eine Pause aus, muss das alles erst einmal setzen lassen. Artemisia annua und Moringa nehme ich weiter. Die Hoffnung stirbt zuletzt.

Es ist alles eine Sache der Betonung.

An diesem Punkt beginnt etwas Erschütterndes. Während sich mein Mann immer stärker in sich selbst zurückzieht, wächst mein Aktionismus, jedenfalls im

31

Hinblick auf seine Person. Gleichzeitig setzt sich ein Verdrängungsmechanismus in Gang. Ich will nicht wahrhaben, was offensichtlich ist. Ich schaue auf den Liebsten an meiner Seite, wie ich ihn ein Leben lang kannte: stark und vital. So als ob nichts sei, rudere ich einfach weiter, vertraue darauf, dass er nicht schlappmacht, dass ein Wunder geschieht. Der Herbst lässt grüßen. Morgens herrscht in der Regel Hochnebel, dann klart es im Laufe des Tages sonnig auf. Es ist mild. Wir pflegen weiterhin Normalität. Empfangen gelegentlich Freunde, machen Heimkino-Abende, gehen spazieren. Eine Hochzeit in der Familie naht. Ich muss alleine hin. Mein Liebster will nicht, sagt, was ganz untypisch für ihn ist, er wolle sich wegen Covid-19 keiner Gefahr aussetzen. Ich nehme das so hin. Der Herbst verdüstert sich. Inmitten unserer scheinbaren Normalität drängt sich mir ein Gedicht auf.

Nun ist er doch gekommen, der Herbst
Und schwemmt mit seiner Regenflut
Was noch an Sommer in uns ruht
Hinweg
Gemächlich aber bereit
Legt sich die vordiktierte Zeit
Auf unser dunkler werdendes Gemüt
Das weite Sternenkreise zieht

32

Mein Geliebter verstärkt seine naturheilkundlichen Maßnahmen, fängt an, regelmäßig in Natron zu baden. Die Immuntherapie lehnt er ab. Zu schwer wiegt für ihn, dass sich die Chemotherapie ins Gegenteil verkehrte und den Krebs triggerte. Ich bin ebenfalls verunsichert. Was ist richtig, was ist falsch? Welche Entscheidung würde ich an seiner Stelle treffen? Ich weiß es nicht. Ich weiß es einfach nicht. Auch die Ärzte sprechen keine klare Empfehlung aus, halten sich mit Prognosen zunehmend zurück, versuchen lediglich dem Willen des Patienten Genüge zu tun. Die trüben Tage setzen sich fort. Meine Verzweiflung wächst. Väterchen Frost meldet sich zu Wort. Meinem Liebsten geht es schlecht und schlechter, ohne dass ganz genau klar wird, warum. Dennoch verfolgt er immer wieder kleinere und auch größere Projekte, reißt sich mit aller Kraft zusammen. Am 23. 10. 2020, einem Freitag, als er sich einigermaßen fühlt, bäckt er Brot. Er hat jahrelange Übung, holt sich immer wieder Tipps bei einem Bäckerfreund und aus dem Internet, hat sich erst vor kurzem eine Brotbackmaschine gekauft. Es werden die lockersten Laibe, die er jemals buk. Brote, wie man sie geschmacklich und von der Konsistenz her nicht besser machen kann. Nach sehr langer Zeit als aktiver Hausbackmeister setzt er an diesem Tag allerdings keinen frischen Sauerteig mehr an, was mich beunruhigt. Später sehe ich, dass an diesem Tag auch der letzte Eintrag im Tagebuch stattfindet. Der Vorschlag einer behandelnden Ärztin wird von meinem Mann mit den Worten kommentiert: „Aber was bringt das?" In den darauffolgenden Tagen geht es ihm zunehmend schlechter. Irgendwann kann er nicht einmal mehr aufstehen, will niemanden mehr sprechen, nicht einmal seinen besten Freund. Und er behält weder Essen noch Flüssigkeit bei sich. Zum ersten Mal äußert er, nicht mehr zu wollen. Ich kann es nicht fassen. Wenn Gott jemals einen Menschen schuf, dessen Ja zum Leben überwältigend ist, dann ist er das. Pessimismus ist ihm ein Gräuel. Er ist Lebensbejahung pur, verkörpert Lebensfreude bis in die kleinste Zelle. Sowohl ich als auch der Hausarzt schlagen vor, ihn ins Krankenhaus zu bringen, um abzuklären, woran es liegt und was man tun kann. Er lehnt mit den Worten ab: »Das verlängert nur mein Leiden.« Ich bin verzweifelt. Nicht die Pflege und das Versorgen treiben mich an den Rand, sondern die Ungewissheit und das Leiden, das ich mitansehen muss und kaum ertragen kann. Wenige Tage später ist er so schwach, dass er nur mit Hilfe unseres Sohnes und mir transportiert werden kann. Wir bringen ihn in das Krankenhaus seiner Wahl, weil er uns plötzlich dazu auffordert. Beim Besuch an seinem Krankenbett, für den wegen den Corona-Beschränkungen eine Sondererlaubnis erforderlich ist, die mir glücklicherweise erteilt wird, sagt er: »Das war's!« Ich glaube ihm kein Wort, denn er wirkt schon wieder ziemlich munter und vergnügt. Um tapfer zu sein und in meiner Kraft zu bleiben, verdränge ich die Traurigkeit, die in meinem Herzen nistet. Der Oktober verabschiedet sich mit einem goldenen Tag. Ein lächelnder Mond thront über dem Halloween-Samstag. Über Nacht schreibt sich ein Gedicht in mich, ohne dass ich es rief.

Mächtige Wasser strömen
Nichts und niemand kann sie aufhalten
Bedrohen unsere Insel der verbürgenden Existenz
Ich küsse dich
Wie vor Zeiten
Als alles noch gut schien
Zwei Bummler auf dem Weg durch die Welt
Die Weichheit deiner Lippen versetzt mich in Schwingung
Elektrisiert schaue ich dir in die Augen
Da reißt uns eine Flutwelle auseinander
Gewaltig drängt der Strom zum Meer
Ich werde aufs nackte, kahle Land geworfen
Bleibe zurück
Ein fahler Farbton, der Verse auf den Wogen bricht
Die Sterne verblassen
Der Mond setzt seine Wanderung fort
Mächtige Wasser strömen
Und nichts und niemand kann sie aufhalten

Alltag

Je besser du jemand kennenlernst, desto mehr verschwindet das verklärte Bild des Anfangs. Die rosa Brille bekommt Risse, durch die eine Wirklichkeit dringt, die einem nicht immer behagt und für die man kein oder nur schwer Verständnis aufbringt. Es bringt eine Beziehung jedoch voran, sich dieser Wirklichkeit zu stellen. Behagen hat noch keinen wirklich weitergebracht. Auch ist es schlichtweg unmöglich, alles zu verstehen, was einen anderen Menschen ausmacht und bewegt. Die Wahrheit der Liebe fängt aber genau an dieser unliebsamen Stelle an.

Es offenbart sich, dass der Sunnyboy, in den ich mich verliebte, auf gewisse Art und Weise unter der Fuchtel seiner Ex-Frau steht, die den gemeinsamen Sohn dazu benutzt, Macht auf ihn auszuüben. Das löst Stress und Unbehagen bei mir aus, denn es beeinträchtigt unser gemeinsames Leben. Als ich ein Stipendium in den USA angeboten bekomme, stelle ich die Fortführung der Beziehung in Frage und sage ihm das auch. Entweder ich gehe in die USA oder er trifft eine klare Entscheidung, das heißt, wir machen ernst und gründen eine eigene kleine Familie, in der auch Platz für seinen Sohn ist. Ein gutes Jahr später sind wir verheiratet.

Ich erinnere mich an den Tag unserer Hochzeit, den kühlen Regen, seinen grauen Anzug mit Hut und die bunte Krawatte und an mein schillerndes Kleid, das alle verblüffte. Von dem köstlichen Essen am Abend brachte ich kaum einen Bissen hinunter. Ich war viel zu aufgeregt, hatte ich mir doch den Mann meiner Träume geangelt.

Einige Monate nach der Heirat wechselten wir den Wohnort und begannen ein neues Leben. Mit der Geburt unserer Kinder 1986 und 1989 wurden wir eine Familie und blieben es. Es waren Jahre voller Glück, aber auch Jahre, die uns massiv forderten. Die Elternschaft anzutreten und zu meistern, ist ein Prüfstand für ein Paar, aber auch eine große Chance. Wir erfüllten sie beide mit Leidenschaft. Das Thema Familie verband uns und stärkte unser Gefühl der Zusammengehörigkeit. Die Jahre flogen dahin. Die Kinder wurden größer. Katastrophen hielt das Leben weitgehend von uns fern. Traten sie dennoch auf – unsere Tochter erkrankte im Kindergartenalter schwer – bekamen wir sie dank engagiertem Einsatz, tiefer Verbundenheit, eisernem Willen und einer Menge Zuversicht stets wieder in den Griff. Manchmal hielt sich das Happyend zwar zurück, doch die Ereignisse blieben stets im Fluss des Lebens. Als meine Schwiegermutter 1990 erneut an Brustkrebs erkrankte und mit 85 Jahren das Zeitliche segnete, überwog bei aller Trauer die Dankbarkeit. Denn der Krebs hatte sie mehr als zwanzig Jahre lang in Ruhe gelassen. Die Mutter meines Mannes starb, wie sie gelebt hatte, umgeben von den zwei wichtigsten Männern ihres Lebens und voller Gelassenheit. Fest entschlossen, dem Drama auch weiterhin keinen Platz in unserem Leben einzuräumen, verabschiedeten wir uns in Freude von ihr. Dann starb 1996 mein Großvater aus heiterem Himmel. Was an und für sich als der Weg, den die Ahnen gehen, hätte angesehen werden können, löste bei mir eine heftige Lebenskrise aus, die unter anderem auch die Beziehung zu meinem Mann in Mitleidenschaft zog. Mein schon seit geraumer Zeit bestehender Wunsch nach einem dritten Kind wurde übermächtig und mir drängten sich Sinnfragen auf, die sich nicht von selbst beantworteten. Doch mein Mann wollte kein weiteres Kind mehr und die Sinnfragen hatte er für sich längst beantwortet. Auch sonst schien plötzlich alles ins Leere zu laufen. Wir waren auf einem Plateau angelangt, ohne zu wissen, wohin wir gemeinsam nun weitergehen sollten. Als im Mai 1997 mein Schwiegervater zusammenbrach und noch in der darauffolgenden Nacht dahinschied, war das Gleichgewicht vollends dahin. Denn der Tod seines Vaters führte bei meinem Mann zu einer tiefen Lebenskrise verbunden mit einer Depression. Aneinander vorbei kriselten wir uns nun auf ein neues Jahrtausend zu. Ohne Klartext zu reden, versuchte jeder von uns mit den psychischen Herausforderungen fertigzuwerden. Sicher, irgendwie war klar, dass wir in unserem seelischen Schmerz und unseren offenen Fragen festhingen, aber die Bereitschaft, Abhilfe zu suchen oder sich Unterstützung zu holen, gab es nicht. Gefühle, so war es uns eingebläut worden, waren etwas für Schwächlinge. Starke Menschen kamen ohne Unterstützung aus. So machten wir einfach weiter, ignorierten weitgehend, was uns innerlich umtrieb und schon gar nicht sprachen wir offen darüber. Beide waren wir der Ansicht, dass wir unsere Probleme alleine bewältigen mussten. Selbst ist die Frau und selbst ist der Mann, das war uns von frühester Kindheit beigebracht worden, und daran hielten wir uns. Doch Krisen gilt es als Chance zur Weiterentwicklung zu begreifen, sonst naht Gefahr. So erging es auch uns. Das anhaltend nicht kommunizierte, latente Spannungsfeld entfernte uns voneinander. Wir gerieten auf Abwege bis hin zu anderen Partnern. Die Folge war eine waschechte, schwere Krise, die nicht mehr ignoriert werden konnte. Das Wort Scheidung breitete sich zwischen uns aus.

Die Selbstverständlichkeit der Liebe

Der erste November 2020 badet in Tränen. Der strömende Regen taucht alles in Nässe. Ein längerer Krankenhausaufenthalt meines Mannes verschafft mir eine pflegerische Verschnaufpause, aber keine Erleichterung. Ich pendle zwischen Klinik und unserem Zuhause hin und her. Wegen der anhaltenden SARS-CoV-2-Krise sind für die Krankenhausbesuche weiterhin Sondergenehmigungen erforderlich. Jeder Besuch ist mit Anstehen und einer Kontrolle verbunden. Das ist belastend, aber ich lasse mich nicht aufhalten, stehe wie ein Presser an, jedes Mal aufs Neue, wild entschlossen, die Klinik in jedem Fall zu betreten. Manchmal finden die Security-Leute die Genehmigung nicht, ein anderes Mal muss sie erneut bestätigt werden, damit ich durchgehen kann. Das fahle Aussehen, das aufgedunsene Gesicht, die Glatze eines zeitlebens mit Haarfülle gesegneten Menschen – nichts davon zerstört meine Illusion völlig, dass die Krankheit zu überwinden ist. Doch es ist längt ein Wettlauf mit der Zeit. Genau an dem Tag, an dem mein Liebster entlassen werden soll, erfolgt erneut ein Zusammenbruch, schlimmer als alle zuvor. Weiterhin weigert sich etwas in mir strikt, der Ahnung Raum zu geben, dass sich unsere gemeinsame Zeit ihrem Ende entgegenneigt. Dies entbehrt keineswegs einer gewissen Tragik. Denn die Projekte und Träume, denen sich mein Mann noch verschreibt, vermutlich um sich selbst Halt zu geben und positiv zu bleiben, stoßen bei mir auf Unverständnis. Anstatt mit ihm zu planen und zu träumen, weise ich ihn wiederholt daraufhin, dass er erst wieder einigermaßen gesund werden muss, bevor wir an so etwas denken und neue Sachen in Angriff nehmen können. Der Gedanke an seinen Tod löst bei mir so heftigen Widerstand aus, dass ich dieses Szenario so weit wie möglich von mir schiebe. Angespannt fahre ich hin und her, verbringe meine freie Zeit an seinem Bett, halte eine letzte Form von Normalität aufrecht. Mein Mann äußert, dass er jeden Augenblick, an dem es ihm einigermaßen gutgehe, genieße und fordert mich zu verrückten Sachen auf, die er mit einem Satz begründet: „Ich bin jetzt ein Rebell."

41

Einige Tage später kehrt mein Liebster dann doch aus dem Krankenhaus nach Hause zurück. Die behandelnden Ärzte haben beschlossen, ambulant zu bestrahlen und beginnen sofort damit. Das fühlt sich hoffnungsvoll an. Wir fokussieren uns beide darauf. Ich bin jetzt oft sehr müde. Alles fühlt sich schwer an, obwohl wir unsere Insel der Zweisamkeit genießen, als würde sie nie enden. In dieser Zeit bricht mein Mann eines Morgens in Tränen aus. Es ist das erste und einzige Mal, dass er einen solchen Gefühlsausbruch vor mir zulässt. Erschüttert weine ich mit. Noch immer aber bin ich weit davon entfernt, wirklich zu begreifen, was auf mich zueilt. Leben und unser Zusammensein sind für uns so selbstverständlich, dass es zumindest mir bis zum Augenblick der endgültigen Trennung unmöglich ist, vollständig zu erfassen, was uns da droht und was das nachfolgend für mich bedeutet. Erst wenn man die Brücke betritt, beginnt man den Abgrund zu überqueren. Es ist die Erfahrung des Todes, die uns in seine unermesslich große seelisch-geistige Wirklichkeit schleudert. Davor ist alles blanke Theorie.

Väterchen Frost sucht den bislang milden November mit kalten Klauen heim. Wir bekommen zwischenzeitlich mehrmals wöchentlich Besuche von Freunden. Mein Liebster gewährt Audienzen, versucht noch alle Menschen zu empfangen, die ihn sehen wollen. Dafür sammelt er all seine verbliebene Kraft, reißt sich bis zur Selbstaufgabe, ja, beinahe selbstquälerisch zusammen, gibt sich fröhlich und unterhaltsam. Kaum ist der Besuch weg, muss er sich hinlegen. Seine Erschöpfung nimmt zu. Es dauert nicht lange und er bricht erneut zusammen. Wieder müssen wir ihn ins Krankenhaus bringen, was jetzt nur noch zu zweit möglich ist. Es geht ihm so schlecht, er ist so kraftlos, dass er rechts und links gestützt werden muss. Wir fürchten um sein Leben. Ich fühle mich zudem total hilflos, habe aber keine Ahnung, wie ich mit der Situation angemessen umgehen soll. Vor allem im medizinischen Bereich zeichnet sich für mich eine gravierende Lücke zwischen unserem Zuhause und der Klinik ab. Während in der Klinik alles Menschenmögliche getan wird, um den Patienten zu stabilisieren und möglichst schmerzfrei zu halten, ist das daheim kaum noch zu gewährleisten. Schließlich sind wir beide keine Mediziner. Wir müssen uns auf die vorgeschlagene Medikation verlassen, die aber immer weniger Abhilfe schafft. Unser Hausarzt, der sich vor Arbeit sowieso kaum retten kann und gleichzeitig Covid-19-Anlaufstelle ist, schreckt vor Hausbesuchen zurück. Auch das Hinzuziehen der Brückenpflege, in unserem Landkreis „STELLA Care" genannt, löst das Problem nicht. Die zuständige Krankenschwester klärt uns zwar über gewisse Möglichkeiten auf, es bleibt aber alles seltsam vage und unverbindlich. Die Schmerzen nehmen zu, obwohl mein Mann laut Hausarzt bereits die höchstmögliche Dosis verabreicht bekommt. Ich bin verzweifelt. In einer solch angespannten Situation auf sich gestellt zu sein, ist brutal. Daran ändern auch gelegentliche Arztbesuche nichts. Eine Freundin von mir, die tief und fest im Glauben verankert ist, steht mir in meiner Verzweiflung bei. Gemeinsam beten wir für meinen Liebsten. Der Satz – da hilft nur noch beten – gewinnt eine neue Bedeutung. Auf ihre Anregung hin frage ich meinen Mann, ob ich ihm einen Spruch aus der Bibel schenken darf. Er bejaht. Es ist ein Spruch, der sich leicht abgewandelt an mehreren Stellen in der Bibel findet und allen Menschen Hoffnung bietet. Ich wähle Römer 10:13: „Jeder, der den Namen des Herrn anruft, wird gerettet werden." Das bedeutet nicht unbedingt, dass man im medizinischen Sinne wieder gesund wird, denn Heilung ist anders, als es sich der Verstand vorzustellen vermag. Der Satz meint, dass Gott für jeden Menschen da ist, der ihn anruft, ganz gleich ob er ein Kirchgänger war oder nicht. Er gibt uns die Zusicherung, dass das, was geschieht, für die Seele stimmig ist. Tage später sind die Schmerzen so unerträglich, dass ich mir keinen Rat mehr weiß. Ich rufe bei der Brückenhilfe an und verlange einen Palliativmediziner. Die zuständige Pflegekraft, die Mühe hat, uns zuzuordnen, lehnt rundweg ab. Einen Palliativmediziner stelle die Brückenhilfe erst, wenn ein Patient intravenös ernährt werde, erklärt sie mir. Ich lege erschüttert auf. Nie wieder will ich mit dieser Einrichtung etwas zu tun haben.

Die Tage eilen in grauenhafter Schnelligkeit dahin. Am ersten Adventswochenende ist mein Mann wieder zuhause und taucht in den Stunden, in denen er auf sein kann, das Haus in eine Lichterorgie. Es leuchtet nun wie ein New Yorker Weihnachtsbaum und sorgt für Gesprächsstoff im ganzen Dorf. Ich muss jetzt oft weinen, versuche es aber von ihm fernzuhalten, weil ich merke, wie sehr es ihn belastet. Er hat jetzt so einen bestimmten Zug um den Mund, den ich mir nicht erklären kann oder will, der mich aber beunruhigt. Gleichzeitig wird er von Tag zu Tag tüdeliger und zittriger. Es kommt zu unerklärlichen Ungereimtheiten und Vorfällen. Heimlich, um ihn nicht zu brüskieren, versuche ich, Angelegenheiten, denen er fast schon verbissen weiter nachgeht, zu überprüfen oder versuche sie ganz zu übernehmen, was er aber nicht zulassen will. Er teilt mir mit, dass er einen Rest von Normalität bewahren wolle, wehrt sich mit aller Kraft und Macht gegen den sich anbahnenden Kontrollverlust. Ich gebe nach. Die Würde des Menschen ist unantastbar. Herbert Grönemeyer beschreibt es in seinem Song „Der Weg" sehr zutreffend mit den Worten, „wir haben uns geschoben durch alle Gezeiten, haben uns verzettelt, verzweifelt geliebt, wir haben die Wahrheit, so gut es ging, verlogen – es war ein Stück vom Himmel, dass es dich gibt." Alltäglichkeit beizubehalten, ist ein sehr starkes und tiefes Bedürfnis von meinem Mann – und ich respektiere das. Vereint versuchen wir unseren Lebensalltag so gut wie möglich weiterzuführen. Sogar neue Ideen, Hirngespinste und Träume finden darin Platz, was mir jedoch oft absurd erscheint. Bisweilen gerate ich an den Rand eines Nervenzusammenbruchs, denn es ist, als ob ich auf einem Drahtseil ohne Netz und doppelten Boden tanzen würde und mir dabei jemand dauernd vermittelt, tanze, tanze, tanze weiter. Mitunter komme ich mir vor wie eine aufgezogene Puppe, und dann ereilt mich der Gedanke, dass ich daran zerbrechen könnte, und ich fühle mich zum Zerreißen gespannt. Unsere Kinder tun ihr Bestes, um mich und ihren Vater zu unterstützen, sind aber ebenfalls überfordert. Das Versprechen, das ich mir bei Ausbruch der Krankheit selbst gegeben hatte, nämlich sämtlichen Glücksabweichungen und Ambivalenzen in unserer Beziehung mit Frieden im Herzen zu begegnen, wird auf eine harte Probe gestellt. Tatsächlich gelingt es mir nicht immer vollständig, meinen Ärger im Hinblick auf die langanhaltenden Muster in der Beziehung zu zähmen. Hin und wieder gerate ich so stark außer mich, dass ich Mühe habe, Haltung zu bewahren. Doch die meiste Zeit gelingt es mir, im Frieden und in der Liebe zu sein und zu bleiben. Mein Mann bekommt das natürlich mit. Wir sind seit 38 Jahren zusammen, da kann man dem anderen nichts mehr vormachen.

Rückblick

Die Sache in unserem gemeinsamen Leben war die – während ich auf dem Familieneiland immer heimischer wurde, auch wenn ich nebenberuflich als Journalistin arbeitete, zog es meinen Liebsten immer stärker in die facettenreiche große, weite Welt hinaus, zumal sein Beruf als Kameramann ihm dies mühelos ermöglichte. Familienfrau und aufsteigender Berufsheld – das sind zwei verschiedene Bahnen, die anfingen nebeneinander herzulaufen. Nach jeder Rückkehr des Dauerreisenden mussten sie wieder miteinander verbunden werden. Ein Spagat, der eine Menge Flexibilität verlangte. Ich war darin trainiert, meine Frau zu stehen, wenn mein Mann unterwegs war, ebenso aber konnte ich mich anpassen und unterordnen, sobald er wieder

47

auftauchte. Wer Kinder großzieht, ist es gewohnt, sich mit wechselnden Situationen zu arrangieren. Flexibel zu reagieren, ist beim Umgang mit Kindern unerlässlich. Mein Mann war darin ebenfalls trainiert, doch je höher er auf der beruflichen Leiter stieg, desto weniger Anpassungsfähigkeit wurde von ihm verlangt, was sich auf einen Menschen nach und nach auswirkt. Seine Position als Chefkameramann ermöglichte ihm die Attitüde des Bestimmers immer stärker zu entfalten und auszuleben. Das kam seiner Persönlichkeit durchaus entgegen, denn er liebte es, wenn er bestimmen durfte und gemacht wurde, was er sagte. Es entsprach seiner Vorstellung von sich selbst und vom Leben. Zudem besaß er eine natürliche Autorität, die wegen seines Charmes bezwingend war. Doch während ich, die ewig Unentschiedene, eine leichte Beute war, lief es im Berufsleben häufig auf Kampf hinaus, weil noch andere Bestimmer mit im Spiel waren oder sich als Bestimmer hervortun wollten. Wenn jemand ungern entscheidet oder lange braucht, um zu einer Entscheidung zu gelangen, ist ein entschiedener Partner wie eine mit Fackeln bestückte Strecke, die den Weg abkürzt. Allerdings stimmt einen Menschen, der Unentschiedenheit kultiviert hat, diese Abkürzung nicht immer froh. Ganz im Gegenteil, Missverständnisse und Missverhältnisse sind da und dort vorprogrammiert, wenn ein sehr entschiedener und ein eher unentschiedener Mensch, der noch dazu zur Rebellion neigt, zusammen sind.

Nach über zwanzig Jahren erfolgreicher Ehe gerieten wir in eine schwere Krise. Sie kam nicht über Nacht, sondern baute sich durch den Verlust geliebter Menschen langsam, aber allmählich auf. Das Schlimmste, was passieren kann, ist eine Krise als unabänderliche Tatsache zu akzeptieren, sie unter den Teppich zu kehren oder wenn sie offen ausbricht, voller Vorwürfe in ihr steckenzubleiben. Das Entscheidendste ist, dass sie bei allen Beteiligten frei zutage treten darf. Solange sie unterschwellig wütet oder sich einer der Beteiligten weigert weiterzugehen, ist die Lösung blockiert. Das Beste ist, eine Krise als Chance zu begreifen, denn daraus entstehen neue Perspektiven, die ein Paar nutzen kann. Wir lebten unsere Krise nach anfänglichen Blockaden – jeder auf seine Art – voll aus, schafften es sie zu bewältigen und wieder in ruhigeres Fahrwasser zu gelangen. Im Zuge dieser Krise konnten wir einige Dinge grundlegend klären, bestehendes Ungleichgewicht ausgleichen und zu einem neuen harmonischen Miteinander finden. Wir bewältigten nicht alle Beziehungsungereimtheiten auf einmal. Es erfordert immer Kompromisse, einen unter Beschuss geratenen Weg fortzusetzen. Aber wir gaben nicht auf. Ich bin sehr froh, um jeden, den wir gefunden haben, denn das bescherte uns in der Nachfolge das aus meiner Sicht glücklichste Jahrzehnt unseres gemeinsamen Lebens.

Es geht nun rasant. Von Tag zu Tag wird mein Mann schwächer, abgesehen von den kurzen Zeiten, in denen er noch auf ist, rollt er sich zusammen wie ein Embryo und gleitet in Welten hinein, die uns verschlossen bleiben. Die schweigsame, melancholische Seite, die mich bei unserer allerersten Begegnung so irritierte, ist zurück. Der Rückzug ist massiv. Die Schmerzen nehmen ständig zu. Das Erhöhen der Medikamentendosis bleibt wirkungslos. Er leidet immer mehr. Mir ist, als würden wir gemeinsam in einem winzigen Raum feststecken, aus dem es keinen Ausgang gibt. Es gibt lediglich eine Öffnung und vor dieser Öffnung gähnt ein bodenloser schwarzer Abgrund. Die Zeit läuft davon, ringt mit der Krankheit, die allgegenwärtig ist, und dem Kampf um jede Minute Leben. Während in Trier ein Mitfünfziger wahllos Menschen mit dem Auto überfährt, überfällt unseren seit zwei Jahrzehnten überzeugten Vegetarier der Appetit auf Hähnchen, und er futtert immer wieder Trauben-Nuss-Schokolade, obwohl er sich oft so miserabel fühlt, dass er nichts bei sich behalten kann. Die Gesichter des Todes blitzen auf. Anders kann ich es nicht erklären. Der Schmerz des Abschieds hinterlässt Spuren. Es berührt mich eigenartig, die innerste Natur des Geistes auf dem äußeren Antlitz aufblitzen zu sehen und hilflos zuschauen zu müssen. Nicht mehr wirklich zu ihm vordringen zu können, schmerzt mehr, als ich mir einzugestehen bereit bin. Die Pandemie beherrscht weiter das allgemeine Leben. Sogar Ausgangssperren werden verhängt. Es weihnachtet allenthalben. Der Zustand meines Mannes verschlechtert sich weiter. Der zunehmende Kontrollverlust erzeugt immer wieder bizarre Situationen, die mir ziemlich Angst machen. Alles läuft aus dem Ruder. Die schweigsam-melancholische Seite, der ich mich bei unserer ersten Begegnung ausgesetzt sah und die Irritation und Abwehr bei mir auslöste, ist wieder da. Sie ist sein Schutzschild, hinter dem er sich verschanzt. Ich würde es gerne durchdringen, aber das lässt er nicht zu. Ich bin müde, so müde. Viele Dinge rauschen einfach an mir vorüber. Eines Nachts spricht meine Seele zu mir. Sie teilt mir mit, dass sich mein Mann auf seiner Todesreise befinden würde. Ein Gefühl von totaler Absurdität ergreift mich. Ich kann es nicht glauben und ahne doch, dass diese Botschaft eine Bedeutung hat, der ich mich jedoch widersetze. Ich begleite ihn zur Strahlentherapie. Es handelt sich um den vorletzten Termin. Als die Behandlung zu Ende ist, eilt die behandelnde Ärztin herbei und bestätigt all das, was ich ihr eben mitteilen möchte: Sein Zustand habe sich innerhalb weniger Tage dramatisch verschlechtert. Ich müsse sofort mit dem Onkologen reden. Im Rollstuhl schiebe ich ihn zu seinem behandelnden Arzt. Es sei der fortschreitende Progress, heißt es zunächst. Als die Blutergebnisse vorliegen, ist von akuter Lebensgefahr die Rede. Es ist der 16. Dezember 2020. Ich bin den ganzen

Vormittag im Krankenhaus. Dann düse ich heim, um ein paar Sachen einzupacken, füttere den Hund, informiere unsere Kinder. Am Nachmittag stehe ich vor mehreren Security-Kräften, die wegen des C-Lockdowns den Eingang der Klinik bewachen und blockieren. Obwohl ich mich sonst allen Anordnungen und Autoritäten brav beuge, bin ich in diesem Moment willens, den Eingang zu stürmen, sollte mich jemand aufhalten wollen. Doch just in dem Augenblick, als ich vor der Pforte stehe, tickert meine Einlassgenehmigung durch.

Odem des Todes

Er liegt schwer atmend im Bett, spricht so gut wie nichts mehr. Sein behandelnder Arzt gibt mir zu verstehen, dass er noch in dieser Nacht sterben könne. Alles in mir weigert sich, das zu glauben. Lautlos tickt die Zeit. Auf den Gängen der Klinik wird es still und stiller. Mein Handy klingelt. Ich habe vergessen, es auszuschalten, bin durcheinander, verzweifelt. Ein grober Fehler, denn das Gehör meines Mannes ist zum Zerreißen gespannt. Obwohl er bis jetzt nur mit geschlossenen Augen dalag, fordert er mich nun auf zu gehen. „Geh endlich ins Bett, Uschi!" Ich bin froh, wenn alles vorbei ist", brummt er. Dann dämmert er wieder weg, ist nicht mehr ansprechbar. Ich interveniere, und so gelingt es unserem Sohn mitten in der Nacht ebenfalls in die Klinik zu kommen und mich nach einer Weile des gemeinsamen Wachens ablösen. Ich brauche Schlaf, wenigstens ein bisschen. Schlaf ist mir heilig.

Am nächsten Tag beziehen wir zu dritt Stellung im Zimmer unseres geliebten Patienten. Er hat ein Zimmer ganz für sich allein, schön eingerichtet, sofern von schön bei einem Krankenzimmer die Rede sein kann. Ich habe Bilder aufgestellt, persönliche Gegenstände vorbeigebracht, andere nach Hause mitgenommen. Dass Markus sterben wird, ist nur noch eine Frage der Zeit. Laut den Ärzten kann es von einer Minute auf die andere mit ihm aus sein, andererseits aber geben sie sich auch unwissend und zurückhaltend, untersuchen weiter, suchen Antworten, die es vielleicht schon längst nicht mehr gibt. Für mich ist das sehr dramatisch und alles andere als beruhigend. Ich sehe, dass er sich quält, dass eine Schwere auf ihm lastet, die er gerne abwerfen würde, aber gleichzeitig lebt und ringt er. Immer wieder öffnet er kurz die Augen oder blinzelt, verlangt einmal sogar, nach Hause gebracht zu werden. Ich spüre, dass es ihm sehr schlecht geht. Die Ärzte jedoch sprechen davon, dass sich sein Zustand stabilisiert hätte. Was bedeutet das? Seine Blutwerte haben sich leicht verbessert. Unseren Patienten interessiert das alles nicht mehr. Er will sterben, will weg von den Schläuchen, frei sein von der Regulation seiner Funktionen. Formuliert es mit letzter Kraft, aber sehr vehement. »Zielgerade sterben, hörst du mich, Uschi!« Ich nicke verzweifelt, ringe die Hände. Was soll ich tun? »Du bist meine Frau. Es ist deine verdammte Menschenpflicht, mir den Weg zu ebnen.« Das Sprechen bereitet ihm Mühe. Ich teile seinen Wunsch dem behandelnden Ärzteteam mit. Sie schauen mich an, als ob ich vom Mond käme. Womöglich stimmt das sogar. Ich befinde mich zwar auf der Erde, aber ob ich noch wirklich hier bin, wage ich zu bezweifeln. Der Tag und die Nacht verfliegen. Was abläuft, ist mehr als man jemals in Worte fassen kann. Ich bin unendlich traurig. Mit jeder Faser meines Körpers, meines Herzens fühle ich dieses Weggehen und muss es aushalten, muss aushalten, was kaum auszuhalten ist. Ich bin losgelöst von mir selbst und doch so präsent wie niemals zuvor in meinem Leben. Gleichzeitig weiß ich, dass ich für ihn da sein, meinen Schmerz hintenanstellen muss, weil seiner überwiegt. Ich muss ihm, soweit es in meiner Macht steht, helfen, muss mit aller Kraft meine Frau stehen. Das ist, was er von mir erwartet. Das ist, was ich von mir erwarte. Wir sind so lange verbunden – wir kennen uns, wir lieben uns. Ich tue mein Bestes, gleichzeitig bin ich in Aufruhr. Die Konfrontation mit dem Tod ist die Auseinandersetzung mit der zellulären Ebene, also jenem Teil von uns, der leben will, und der seelisch-geistigen Ebene, die unsichtbar hinter allem Sichtbaren wirkt und uns in dieser Phase Vertrauen und Zuversicht abverlangt oder schenkt, je nachdem, wie wir das zu sehen bereit sind. Es ist etwas, das man bis in jede kleinste Zelle hinein spürt. Jede Zelle, jede Faser nimmt Abschied, und du musst das aushalten. Das ist der Kampf, und er ist unbeschreiblich, weil wir, die wir ihn nicht kämpfen, draußenstehen und ihn von dort erleben und mitansehen müssen. Dennoch sind wir betroffen, weil auch ein Teil von uns stirbt. Wir mitempfinden, was da geschieht. Es kommt hinzu, dass Tumorerkrankungen für einen medizinischen Laien ganz schwer nachzuvollziehen sind. Und mit ihrem Hin und Her in der Einschätzung sind die Ärzte, die bis zuletzt dem Leben verpflichtet sind, auch keine wirkliche Hilfe. Fünf Tage vor Weihnachten ist Markus wieder wacher, dabei aber äußerst unruhig. Plötzlich verlangt er ungestüm nach einem Seelsorger. Ich bin verwundert, mein Mann war zeitlebens ein bekennender Atheist, sorge aber dafür, dass sein Wunsch erfüllt wird. Da in der Klinik gerade niemand zur Verfügung steht, lasse ich jemanden von außen rufen. Es dauert eine ganze Weile, aber schließlich erscheint ein evangelischer Pfarrer. Sein Auftauchen entlockt mir fast ein Lächeln, denn mit seinem langen grauen und zu einem Zopf gebundenen Haar ähnelt er eher einem Rockmusiker als einem Pastor. Das ist so überaus stimmig und ob dieser Stimmigkeit seltsam zugleich. Die beiden Männer beginnen einen Dialog, der so fein ist, dass ich nur staunen kann. Getragen von Geduld, Rücksichtnahme, Respekt, Wertschätzung und frei von Hektik tauschen sie sich geraume Zeit aus. Am Ende des Gesprächs sagt der Seelsorger: „So wie ich das sehe, ist bei ihnen alles klar." Markus nickt bestätigend. Ich frage mich beklommen, was das zu bedeuten hat. Hat der Kämpfer in meinem Mann die Waffen gestreckt, der Spieler in ihm, der bis zuletzt hoffte, das Blatt wenden zu können, aufgegeben? Hat der Genießer dem Genuss abgeschworen? Wie kann das sein? Wie kann das sein? Der Pastor verabschiedet sich. Das Leiden setzt sich fort. Die Schmerzen nehmen trotz der Verabreichung von Schmerzmitteln und der Erhöhung der Dosis ständig zu. Seine Kraft lässt gleichzeitig nach. Am 21. Dezember 2020 beschert uns die Wintersonnenwende mit einer Jupiter-Saturn-Konjunktion den Eintritt ins Wassermannzeitalter. Mein Mann gibt mir immer wieder zu verstehen, dass er genug hat, reißt an seinen Schläuchen, fühlt sich mit seinem Todeswunsch alleingelassen. Ich setze die Ärzte davon in Kenntnis, nenne es die Gnade des Todes, doch sie geben sich abwartend und verhalten, wollen die Infusionen nicht stoppen. Dass sich die Blutwerte leicht verbessert haben, bestärkt sie in ihrer Haltung. Sie gehen sogar so weit und schlagen trotz Patientenverfügung intravenöse Ernährung vor, weil der Patient das Essen verweigert. Ein Tag nach dem anderen vergeht. Mein Mann quält sich. Seine Unruhe peinigt ihn. Zwischenzeitlich wird jeder seiner Atemzüge von einem seltsamen Rasseln begleitet, das mir Angst macht. Einmal fordert er mich auf, ihn umzubringen. Doch es gibt auch gute Momente. Das Lächeln eines todkranken Menschen ist reine Seligkeit – etwas, das ich so noch nie gesehen habe. Sollte es ein Anklang der Ewigkeit sein, ist die Ewigkeit pures Entzücken. Draußen nieselt es. In mir herrscht Weltuntergang. Meinem Mann geht es sehr, sehr schlecht. Er will sterben. Da ist kein Raum mehr, nur noch das blanke Nichts. Ich bin so unendlich traurig, spüre dieses Weggehen mit jeder Faser meines Herzens. Gleichzeitig möchte ich nun mehr denn je für ihn da sein und ihm, sofern es in meiner Macht steht, helfen, will, ja, muss präsent sein. Es ist schrecklich, etwas das man bis in die kleinste Zelle hinein spürt. Ich war unendlich traurig, als mein Großvater starb, habe meine Schwiegereltern tief betrauert. Aber das übersteigt alles, alles, was ich jemals erlebt habe. Nichtsdestotrotz weiß man genau in diesen Momenten, dass die Seele existiert. Woher? Das ist nicht zu erklären. Es ist wie ein Gewebe, das da ist und das man ganz stark wahrnimmt.

Ich bin an einem Punkt angelangt, an dem ich Gott bitte, Markus zu erlösen, weil mir das Leid so groß erscheint. Am Nachmittag des 23. Dezember 2020 nehmen sie ihm endlich die Schläuche ab, wie er es seit Tagen verlangt, nicht ohne vorher noch einen C-Test gemacht zu haben. „Jetzt habe ich auch noch

Corona", krächzt er. Sorge schwingt in seinen Worten. Immerhin sitzen wir, seine Liebsten, seit Tagen unentwegt an seinem Bett. Ich versichere ihm, dass das nicht stimmt, was sich später auch bestätigt. Ganz leise stimme ich eine Liedzeile an: If you love me let me know. Er antwortet ebenso leise, aber immer noch hörbar: „I love you." Wir sprechen über das Atmen. Er hat fast sein ganzes Leben Atemübungen gemacht und atmet auch in diesem Zustand bewusst ein und aus. Kurz vor 17 Uhr lässt sich eine Vogelschar auf dem Baum vor dem Fenster nieder, flattert schließlich in hohem Bogen auf, was mich überrascht, denn ich sehe diese Vogelschar zum ersten Mal. Später werde ich die Kinder fragen, aber auch ihnen sind diese Vögel nie zuvor aufgefallen. Das volle Ausmaß des Sterbens zu erfassen, ist mehr oder weniger eine Unmöglichkeit. Es ist ein letzter Weg, den jeder Mensch alleine geht, auch wenn geliebte Menschen an seiner Seite sind. Man bleibt außen vor. Die Besonderheiten des Prozesses brennen sich mir unauslöschlich ein. Es ist ein Endspurt, den kein Mensch alleine hinlegen sollte. Das Ende des Kampfes auf der zellulären Ebene ist archaisch und blutig, selbst wenn kein Blut sichtbar wird. Mein Aufschrei, als er seinen letzten Atemzug tut – ich weiß es in dem Moment, als er einsetzt – muss weithin auf der Station zu hören gewesen sein. Als der Lebensfaden gerissen ist, sieht er aus wie ein Buddha. Ganz entspannt und friedlich. Und schön ist er. Habe ich das Ausmaß seiner Schönheit, als er noch lebte, je ganz erkannt? Nein, habe ich nicht. Wie konnte ich nur so blind sein? Das Lächeln, das seine Lippen kräuselt, wirkt leicht verschmitzt. Er ist zu sich zurückgekehrt, hat dem schweigsamen Melancholiker für immer den Rücken gekehrt. Es gibt kein Adieu. Es gibt nur diese Endgültigkeit, das Hinübertreten von einem Zustand in einen anderen, für den wir die Begrifflichkeit Tod verwenden, ohne zu erfassen, was das eigentlich bedeutet. Ich bin wie erstarrt, er fühlt sich viel weicher an als ich. Ist er erlöst? Ich weiß es nicht. Ich bin Gott und der Ewigkeit nah und doch so fern zugleich.

Die Kinder, die genau in dem Zeitraum, in dem er starb, für eine knappe halbe Stunde weg waren, kommen wieder zurück. Wir sprechen ein Gebet, sitzen einfach bei ihm. Es gibt nichts mehr zu tun, nichts mehr zu sagen. Hin und wieder scheint mir, als ob sich sein Brustkorb noch heben und senken würde. Doch das muss eine Täuschung sein. Oder spüre und sehe ich noch immer die Wärme seines Herzens? Draußen regnet es nun in Strömen. Einen anderen Menschen beim Sterben zu begleiten, zählt zu den elementarsten Erfahrungen. Es fordert den ganzen Menschen und zugleich verändert es das ganze Leben von einer Minute auf die andere.

Du wirst nicht gefragt
Die Zeit des Aufbruchs kommt einfach
Die Geschwüre brechen auf, das Blut fließt
Vergossenes Blut der Jahrtausende
Lächelnd winkt der Tod dir zu
Weist dir den Weg über den Abgrund
Auch das Unheilige will erkannt und gerettet werden
Hypnotisiert starrst du auf das schwarze Loch
Dunkelheit umfängt dich
Das Vertraute löst sich auf
Das Unvertraute bricht sich Bahn
Aus dem Tor der Leere fällt ein Lichtstrahl
Durchdringt die Schwärze, die dich umgibt
Dir bleibt nichts anderes übrig als zu vertrauen

Du bist tot. Nach wenigen Stunden Schlaf wache ich orientierungslos auf. Mein Herz rast, und ich spüre meine linke Seite nicht mehr. Ein Schlaganfall! Panisch und orientierungslos springe ich aus dem Bett. Fast lande ich auf dem Boden, denn meine linke Seite versagt mir den Dienst. In letzter Minute halte ich mich an der Fensterbank fest und fange den drohenden Sturz damit ab. Notarzt, schreit es verzweifelt in mir. Aber da ist niemand, der mich in diesem Moment hört. Nur Dunkelheit. Es ist so weit. Ich sterbe auch. Ich versuche, mich zu beruhigen, richte die Aufmerksamkeit auf meinen Atem, was mir nach und nach gelingt. Als ich meinen Körper wieder einigermaßen unter Kontrolle habe, bewege ich vorsichtig Arme und Beine. Es dauert eine kleine Weile, dann fühlen sie sich wieder zugehöriger an. Noch immer aber habe ich das Gefühl, dass meine linke Hand abstirbt. Ich bin davon überzeugt, sie in die Klinik bringen zu müssen. Sie ist wie taub. Nach einer ganzen Reihe von Atemzügen bin ich gefasst genug, Freunde anzurufen. Seit Monaten versichern sie mir immer wieder, Tag und Nacht für mich da zu sein, was immer auch geschieht, appellieren an mich, sie zu kontaktieren. Tatsächlich ist sofort jemand am Apparat. Wenig später sitze ich flankiert von beiden vor einer Tasse Tee, starre vor mich hin und rede. Sie raten mir beide davon ab, in die Klinik zu gehen, weil dort nur Beruhigungspillen auf mich warten würden. Stattdessen hören sie mir zu, zeigen Mitgefühl. Ich rede und rede. Keine Ahnung, wovon. Mein Gehirn ist Matsch. Ich bin woanders, obwohl ich in einem Zimmer neben Freunden sitze. Stunden später renne ich ziellos mit unserem Hund durch die Gegend. Es ist noch dunkel. Die unsichtbaren Wände um mich herum halten mich. Schließlich geht die Dunkelheit in einen trüben Tag über. Der Heilige Abend, der in diesem Jahr 2020 ganz unter dem Zeichen des Lockdowns steht, rückt von Minute zu Minute näher. Ich bin, und ich bin nicht. Einen geliebten Menschen einen Tag vor Weihnachten zu verlieren, hat etwas Symbolisches, dass das überfrachtete Fest der Liebe für immer verändert. Die Dunkelheit, die diese Feiertage mit ihrem Licht und ihrer Liebe überstrahlen sollen, wird schwarz und schwärzer und ist von Schmerz und Schock getränkt. Nie wieder wird es so sein wie früher. Ich weigere mich, diesen Gedanken weiterzuspinnen, erlaube den Gespenstern nicht, Einzug zu halten, bereite einiges vor. Das hättest du so gewollt, das weiß ich. Du liebtest starke Frauen, die sich dem Leben trotzig entgegenstellen. Der Weltuntergang muss warten. Am frühen Abend gehen draußen all die Lichter an, die du noch mit eigener Hand und letzter Kraft installiert hast. Unser Haus überstrahlt alle anderen, sendet eine leuchtende Botschaft in die Welt, die von den Nachbarn wahrgenommen und mit anerkennenden Worten gewürdigt und fotografiert wird. Der Dorftratsch blüht ebenso wie die preisgekrönten Weihnachtssterne unseres Gärtners. Ich bin wie in Trance. Immerhin gibt mir die Anwesenheit unserer Kinder Halt und Richtung. Es zeigt sich, dass du, lange bevor du nicht mehr konntest, zahlreiche Geschenke für uns und deine Freunde besorgt und auf liebevollste Weise eingepackt hast. Und unseren Sohn hast du damit beauftragt, sie unter den Weihnachtsbaum zu legen. Eines dieser Geschenke ist mit Hunderten von Stickern beklebt. Es sind Weihnachtsmänner, die verschmitzt durch ihre Bärte lächeln. Du musst Stunden damit zugebracht haben, um diese Wirkung zu erzielen. Ich packe farbenfrohe und prächtige Geschenke aus. Es ist, als ob du mir aus dem Jenseits zurufen würdest: „Weiter geht's! Fröhlich bleiben! Setze dich in den Zug nach Paris, flaniere über die Avenue de Champs-Elysées und lass dich bewundern. Hör nicht auf zu leben!" Die Geschenke lösen wahre Sturzbäche von Tränen aus, nichtsdestotrotz begleiten sie mich in eine ungewisse Zukunft, bleiben mir wie ein erhobener Fingerzeig gegenwärtig. Es ist, als würdest du immer ein wenig an meiner Seite gehen und den Weg weisen, nicht wahr?

Kalt ist es geworden. Der Mond zeigt sein O-Gesicht. Bekannte und Freunde rufen an, um sich nach deinem Befinden zu erkundigen. Wieder und wieder muss ich die Hiobsbotschaft wiederholen. Dabei würde ich am liebsten in eine Höhle kriechen und nie wieder herauskommen. Die drei Worte – am Boden zerstört – bekommen eine neue Bedeutung für mich, dessen Ausmaß ich aber erst viel, viel später begreifen werde. Alle Anrufer sind fassungslos. Eben noch warst du doch so lebendig. Ja. Dennoch ist das Unfassbare eingetreten. Ich antworte, obwohl es keine Antworten gibt. Immerhin handelt es sich um Menschen, die dir wichtig waren. Ich will weder dich noch sie enttäuschen. Du warst stets so stolz auf mich, und wenn dir etwas missfiel, dann hast du an mich appelliert, es zu ändern. Das alte Pflichtgefühl lebt weiter, setzt sich fort, wird neue Kreise ziehen. Die Kinder haben ein Auge auf mich, schlafen abwechselnd bei mir. Ich breche nicht zusammen, bin aber wie weggetreten, ein Schaumteppich hat von meinem Hirn Besitz ergriffen. Und ausgerechnet in diesem Zustand muss ich mich um so vieles kümmern. Ich möchte das auch, stehe dabei aber voll neben mir. Die Abläufe für die Trauerfeier beginnen mein Handeln zu bestimmen. Es ist ein Handeln wie in einer Schleuse. Ohne die liebevolle Unterstützung unserer Kinder wäre ich nicht in der Lage, etwas wirklich vollständig zu regeln und auf die Reihe zu bekommen, denn immer wieder übermannt mich völlige Konfusion gepaart mit Schwäche. Mein Herz rast als ob es gejagt werden würde. Dazwischen stolpert es, als ob es nie wieder damit aufhören wollte. Mein Kopf ist vernebelt, immer weiter vernebelt. Ich kann noch so viel Kaffee trinken, ich kann Kopfstand machen – es hilft alles nichts. Ich nehme es hin – mir bleibt ja nichts anderes übrig – funktioniere so gut es geht weiter. Dein letzter Dress liegt mir am Herzen. Ich wähle ein Hemd, das du dir erst in diesem Jahr zugelegt hast, mit schwarz-weißen Karos, aber ohne Taschen und eine neue, schwarze Jeans mit Gürtel. Auch die breiten, roten Hosenträger aus Berlin, die du so mochtest, müssen dabei sein. Dein Kopf soll auf einem knallroten Herzkissen mit Bärchen ruhen. Du liebtest, ja brauchtest Kissen unter dem Kopf, hattest meist mehrere gleichzeitig, damit du dich gut gebettet fühlen konntest. Das darf jetzt nicht anders sein. Während ich alles herrichte, beginne ich mitten in meiner empfindungslosen Erstarrung zu begreifen, wie wichtig es ist, Gefühle frei von Bewertung zuzulassen. Die Bewertungsspirale ist ein Teufelspakt, den wir unbedingt lösen müssen. Wie oft negieren, unterdrücken und/oder verleugnen wir Gefühle, die uns nicht passen, aber wir haben ein Recht auf unsere wahren Gefühle, denn sie lehren uns, wie wir leben sollen oder erteilen uns eine wichtige Lektion, was es noch zu lernen gibt. Noch bin ich weit davon entfernt, ganz an meine Gefühle heranzukommen, alles sehr bruchstückhaft – statt sich zu lichten, wird der Nebel in meinem Kopf nämlich immer dichter – doch die Lektion zeichnet sich schemenhaft ab.

Im Bestattungsinstitut verbringe ich viel Zeit mit dir. So schön und würdevoll liegst du da. Beinahe könnte man meinen, dass du gleich aufspringen wolltest. Bleich bist du zwar, aber gut siehst du aus. Die fröhliche Kleidung schadet deiner Würde kein bisschen. Ganz im Gegenteil – sie unterstreicht sie noch. Du verkörperst diesen witzigen Typen mit Charakter und Charisma durch und durch. Hast du ihn mit ins Jenseits genommen oder musstest du ihn zurücklassen? Wie gerne wüsste ich das. Aber du schweigst. Deine Stimme ist verstummt. Ich erinnere mich an den ersten Toten, den ich jemals im Leben sah. Es war mein Großvater. Damals musste ich hysterisch lachen.

66

Völlig anders bei dir. Dir fühle ich mich viel zu nahe, um mich einer solchen Regung ausgesetzt zu sehen. Mein Kopf ist wie ein großes schwarzes Loch. Tot. Ich ging immer davon aus, dass du ewig leben und für mich da sein würdest, so gesund wie du fast dein ganzes Leben lang warst, das beste Immunsystem von uns allen, immer unerschütterlich und stark, ein Ausbund an Vitalität. Selbst eine schwere Tropenkrankheit, die du vor Jahren aus Burkina Faso mitbrachtest, stecktest du nach ein paar Tagen verrücktem Delirium locker weg, tanztest Afro-Zouk während deiner Genesungsphase. Schenkte ich den zarten Zeichen deshalb kaum Beachtung? Rückblickend wird mir nämlich klar, dass du, der Mann, an dem ich mich immer wärmen konnte, durchaus Botschaften der Veränderung sandtest, die wir alle, ich, die Ärzte viel, viel ernster hätten nehmen sollen. Aber deine Sorglosigkeit war eben auch ansteckend. Trotz der Kälte im Kühlraum kann ich mich kaum loseisen, am liebsten würde ich dich einbalsamieren und mitnehmen. Warum halten wir unsere Toten versteckt? Denn das tun wir. Wir verschieben sie in kalte Hallen, bahren sie an abgeschirmten Orten auf, und schließlich lassen wir sie für immer verschwinden. „Nur die leere Hülle", höre ich dich sagen. So hast du den Leichnam deiner Mutter bezeichnet. Als ich das Bestattungsinstitut verlasse, wirke ich nach außen vermutlich gefasst, innerlich aber bin ich in Tausende von Teilchen zersplittert.

Zuhause setze ich mich hin und versuche mich zu sammeln. Ich fasse deine Vita für den Geistlichen zusammen, der die Trauerfeier leiten wird. Unser Pastor hat nach Rücksprache mit dem Kirchengemeinderat nämlich einem christlichen Begräbnis zugestimmt, obwohl du bis kurz vor deinem Tod ein bekennender Atheist warst. Der leidenschaftliche Humanist, der du immer warst, hat das mehr als verdient. Gutsein ist keine Frage der Religionszugehörigkeit. Ich nehme die Güte und die Hilfe, die in dieser Geste liegen, voller Dankbarkeit an. Vielleicht hätte ich anders entschieden, wenn es sich um einen anderen Pfarrer handeln würde, denn dann wäre es wohl auch mit deiner Geisteshaltung unvereinbar gewesen. Aber er ist einer von den Guten, einer von denen, deren tiefe Verbundenheit mit Gott ich spüren kann. Im Unterschied zu dir bin ich seit meiner Geburt Kirchenmitglied. Ernsthaft zum Austritt bewogen, hat mich nie etwas, obwohl auch ich immer wieder unverständliche Dinge im Zusammenhang mit Kirche und Kirchenvätern erlebte und mich eher zu den Thomasjüngerinnen zähle. Weil das Festhalten an den alten Formen mich nicht wirklich abholt, bekommt mich die Kirchengemeinde in manchen Jahren auch nur gelegentlich zu Gesicht. Doch dein Leben braucht einen Abschied vor Gott, sonst schaffe ich das nicht. Das hast du womöglich gewusst und mir aus dem Jenseits zugeflüstert.

Trauerrede

Markus wurde am 10. Juli 1946 in Plochingen am Neckar geboren. Die ersten sieben Jahre seines Lebens verbrachte er in Nürtingen, der Heimatstadt seiner Mutter Elisabeth. Seine Eltern betrieben dort eine Kunsthandlung und ein Café. 1953 erfolgte aufgrund beruflicher Veränderungen der Eltern der Umzug nach Stuttgart. Die obere Bismarckstraße im Stuttgarter Westen wurde zur neuen Heimat der Familie. Markus wurde dort überwiegend von seiner Großmutter Margarete Luise aufgezogen, die seit dem Umzug nach Stuttgart mit der Familie unter einem Dach lebte, weil beide Eltern ganztags arbeiteten. Seinen Schilderungen zufolge war sie eine tiefgläubige Frau, die ihm all ihre Liebe und Fürsorge zuteilwerden ließ. Er liebte sie heiß und innig und hielt die Erinnerung an sie ein Leben lang liebevoll aufrecht. Doch er musste sich nach nur wenigen Jahren sowohl von ihr als auch dem Stuttgarter Leben verabschieden, denn mit dem Übergang in die weiterführende Schule wurde Markus wider seinen Willen ins Internat gesteckt. Die Strenge, der er sich dort ausgesetzt sah, und die zum Teil mit Gewalt erzwungene Unterwerfung hinterließen tiefe Spuren in seinem Leben und führten unter anderem dazu, dass er, kaum volljährig, allen Autoritäten für immer abschwor. Mit Beendigung der Schule verließ er sein Elternhaus, distanzierte sich konsequent von allen kirchlichen Einrichtungen und ließ sich fortan von niemandem mehr gängeln. Er absolvierte eine Fotografenlehre und besuchte anschließend die Fachschule für Grafik in Stuttgart. Als deren Absolvent volontierte er 1967 bis 1969 für Kamera- und Filmtechnik beim SDR, heute SWR, und begann eine Laufbahn als Kameramann beim Fernsehen. Seine Tätigkeitsbereiche umfassten Dokumentationen, Features aller Art, Live-Sendungen, News, Studioproduktionen, Serien, Fernsehspiele und Shows. Sein Beruf führte ihn an entlegenste Orte in der ganzen Welt und brachte ihn mit Menschen aller Couleur in Verbindung, was ihm sehr zusagte. Da es ihm immer gelang, mühelos Nähe herzustellen, sofern er das wollte, zählte er Persönlichkeiten aus den verschiedensten Bereichen zu seinen Freunden. Als er sich 2010 berenten ließ, hielt er die

Position eines Chefkameramanns inne. Für mehr als zehn Jahre verschrieb er sich mit Haut und Haaren der Lichtführung. Mit Beginn der Rente 2011 setzte er seine umfassenden Kenntnisse im filmischen Bereich als freier Filmemacher fort. Bis zu seiner schweren Krebserkrankung, die im Januar 2020 zutage trat, war Markus ein vitaler, leidenschaftlicher und reisefreudiger Mann mit zahlreichen Interessen und Hobbys. Er liebte das Leben und das Leben liebte ihn. Er heiratete dreimal. Aus der zweiten Ehe ging ein Sohn hervor. Die Beziehung scheiterte allerdings bereits kurz nach der Geburt des Kindes und wurde wenig später geschieden. Die dritte Ehe wurde am 7. September 1984 geschlossen. Erstmalig lockerte Markus seine antichristliche Haltung und ließ sich auf Wunsch seiner Braut auch kirchlich trauen. Der evangelische Pastor im Heimatort der Braut entschied nach einigen Gesprächen und sorgfältiger Überlegung der Trauung in der Kirche zuzustimmen, fasste in der Traurede aber den Spagat dieser Entscheidung mit deutlichen Worten zusammen. Das Paar lebte zunächst im Stuttgarter Westen, in einer Parallelstraße exakt auf der Höhe der früheren elterlichen Wohnung. Wegen der Gründung einer Familie zogen sie aber bald raus aufs Land. Ein Sohn und eine Tochter krönten die Beziehung und schweißten das Paar noch enger zusammen. In der Endphase seines Lebens nahm Markus sowohl christliches Geleit als auch die Vergebung Gottes vollständig an, ohne diese Entscheidung näher zu begründen. Sein Tod am 23. Dezember 2020 machte die Erde um einen geistreichen, großzügigen und wunderbaren Menschen ärmer. Markus war ein Mensch, der die Gabe besaß, dem Leben selbst in schweren Zeiten noch Freude abzugewinnen und der über ein großes Zusammengehörigkeitsgefühl verfügte.

Dass du dich besser als die meisten anderen Menschen auf das Carpe diem des Lebens verstandst, spiegelt sich auch in der Rede wider, die unser Sohn bei deiner Trauerfeier hielt:

Der schmerzhafte Verlust und die Trauer über den Tod unseres geliebten Vaters, Ehemanns, Familienmitglieds und Freundes ist kaum in Worte zu fassen. Zu plötzlich, viel zu früh, leidvoll und tragisch erlag er kurz vor Weihnachten dieser unberechenbaren und hinterlistigen Krankheit Krebs. Elf Monate kämpfte er, kämpften wir, hofften gemeinsam. Er ließ eine Vielzahl an Untersuchungen, Operationen und Therapien über sich ergehen, war dabei stets extrem tapfer, stark und hielt vieles von uns fern. Am Ende siegte die Krankheit. Wir wissen, dass er in Frieden, Geborgenheit und in tiefer Verbundenheit und Liebe zu seiner Familie von den Qualen erlöst wurde. Für uns alle, die wir uns heute hier versammelt haben, hinterlässt sein Tod eine Lücke, die riesengroß und nicht zu schließen ist. Fassungslosigkeit und Leere beherrschen uns. Abschied zu nehmen in dem Wissen, es ist endgültig, ist schwer zu begreifen und kaum hinnehmbar. Ein starkes Familienband, gute Freunde und der Glaube, geben einem Halt, den Blick immer wieder nach vorne zu richten und gemeinsam stark zu sein, denn genau das hat sich mein Vater Markus gewünscht.

In den vergangenen 34 Jahren durchlebten er und ich verschiedene Stadien, die ich absolut nicht missen möchte. Aus seiner väterlichen Liebe und Zuneigung, die meine Schwester und ich von klein auf erlebten, wurde er ab unserer Jugend ein sehr enger Vertrauter, Freund und guter Zuhörer. Eine einzigartige Mischung seiner Wesenszüge, die von autoritär – streng über humorvoll – witzig bis hin zu liebevoll, einfühlsam reichten, aber immer sehr gerecht und fair waren, prägt uns bis heute. Seine jugendliche, unbeschwerte und vor allem humorvolle Art trug dazu bei, dass unsere Beziehung in den letzten 15 Jahren sehr eng wurde. Er war uns stets ein Vorbild, lehrte uns, das Leben zu genießen, im Hier und Jetzt zu leben, und gemeinsam konnten wir sehr viel lachen. Papa liebte das Leben, konnte begeistern, versprühte Lebenslust, riss uns mit und genoss den Augenblick. Mit seiner originellen, außergewöhnlichen, großzügigen und großherzigen Art, zog er immer wieder Dinge und Menschen in unser Leben, an die wir uns auf ewig zurückerinnern. Seien es sechswöchige Portugalreisen in den 90er Jahren, wo wir in prächtige Villen von Freunden wohnten – die uns die Sommerurlaube erleben ließen als seien wir

Millionäre, viele Reisen durch das wunderbare Italien und schöne Zeiten in Apulien oder unsere mehrtägigen Aufenthalte im Europapark, bei welchen er keine Achterbahnfahrt mit uns ausließ. Was für ein Unikat er war, so nannte ihn jüngst eine langjährige Freundin von mir, machte sich nicht nur in seinem vielseitigen Beruf bemerkbar, sondern in vielen Teilen seines Wesens und Handelns. Er liebte Musik, spielte bis weit in die 2000er Klavier, genoss Klassik, aber auch der elektronischen Musik gegenüber war er zugeneigt. Sein handwerkliches Geschick und das große Interesse und die Freude daran, „alles einmal selbst ausprobiert und gemacht zu haben", bescherte uns im Kindesalter nicht nur viele handgemachte Holzgegenstände, meiner Schwester eine wunderschöne Puppenstube und mir eine großartige Modelleisenbahn, sondern zeigte sich auch im selbstgebauten Kaminofen, vielen kleinen und großen Reparaturen und beispielsweise dem kompletten Neuverlegen der Hofeinfahrt mit Pflastersteinen während meiner langersehnten Sommerferien – keine Frage, ich musste mithelfen. In den Sommermonaten zog er manch neidvollen Blick auf sich, wenn er mit laut aufgedrehter Musik im gelben Cabrio vorbeiflitzte, stets ein keckes Lächeln im Gesicht und voller Freude. Er liebte Geselligkeit und Menschen, ging gerne aus, sagte uns häufig, wie froh er sei, so viel von der Welt und anderen Kulturen gesehen und erlebt zu haben und dass er sich nie etwas anderes hätte wünschen und vorstellen können als den Beruf des Kameramanns. Das bewies er noch zuletzt mit einem über mehrere Jahre produzierten, wunderbaren Film, quasi einer Hommage an die Trostmühle in Bempflingen und ein Stückweit auch an seinen Wohnort. Ich bin dankbar, froh und demütig für jeden Augenblick und die gemeinsame Zeit.

Im letzten Jahr hatte ich viele intensive Gespräche mit ihm. Wir nutzten die Zeit, wie auch schon in der Vergangenheit, und öfter sagte er zu mir: Ich hatte ein erfülltes, wunderbares Leben, ich habe es ausgekostet und gelebt, und dafür bin sehr dankbar, vor allem über meine Entscheidung, eine Familie gegründet zu haben. Wie wichtig ihm Familie und Freunde waren, zeigte sich vor allem in den letzten Wochen und Monaten deutlich. Er war bis zum Schluss extrem stark, positiv, baute uns alle auf und spendete Trost, war weiterhin humorvoll, obwohl es ihm sehr schlecht ging. Wir, die Familie und Freunde, verlieren einen weltoffenen, liebevollen, absolut lebensfrohen, herzlichen und großartigen Menschen, der Großzügigkeit lebte, viel Charme hatte und uns allen viel Spaß und Freude bereiten wollte und konnte. Danke Papa und danke, dass auch ihr Teil seiner Reise wart. Salvador Dali sagte einst: Im Abschied ist die Geburt der Erinnerung.

Gedenken

Jeder Mensch hat eine Geschichte, und jedes Leben hat bis zum letzten Atemzug eine Bedeutung, auch wenn wir keine Genies oder Weltstars sind. Es sind große und umfassende Lebensgeschichten, die weit in die Vergangenheit hineinreichen und unzählige Generationen umfassen. Unser Leben ist vielgestaltiger und bewegender, als uns bewusst ist. Eins bewegt das andere. Ohne unsere Ahnen würde es uns nicht geben. Und viele kleine Schritte ergeben ein großes Ganzes. In deiner Geschichte fanden zwei Menschen zueinander, die sich jenseits der Ausnahmesituation „Zweiter Weltkrieg" vermutlich nie begegnet wären. Um einen Beitrag in schweren Zeiten zu leisten, wurde deine Mutter, die jüngste von drei Schwestern, mit 36 Jahren

Hilfskrankenschwester. Bei der Ausübung dieser Mission traf sie den 22jährigen Walter im Lazarett. Er litt an einer schweren Tuberkulose, die er sich während eines längeren Aufenthalts in einem Konzentrationslager zugezogen hatte. Deine Mutter Elisabeth verliebte sich in den gutaussehenden jungen Mann, der unter ihrer Obhut stand. Liebe und Evolution sind einfallsreich, wenn es ums Überleben geht. Beide waren sie lebenslustig und von dem Wunsch beseelt, ihrem Leben Gutes abzugewinnen. Es kam zur Heirat und ein Jahr später zu deiner Geburt. Du bliebst das einzige Kind, denn das Geschlechtliche verband deine Eltern nur wenige Male. Die Neigungen deines Vaters zielten in eine gänzlich andere Richtung. Doch Paragraph 175 verbot ihm diese Neigung offen zu leben. Wiederaufbau und Nachkriegsordnung bestimmten die Jahre nach deiner Geburt. In der Nachfolge spielte auch der Kalte Krieg eine Rolle. Nürtingen, die Stadt, in der du deine ersten acht Lebensjahre verbrachtest, war für dich ein Ort, an dem du an der Steinach spielen und um Brunnen herumrennen konntest, ohne dass dich jemand daran hinderte, ein Ort, an dem du dich wohl und geborgen fühltest. Die Kunsthandlung und das Café deiner Eltern gruben sich tief in deine Erinnerung. Deine Welt war bunt. Aus allen Himmelsrichtungen gingen extraordinäre Tanten und Onkels bei deinen Eltern ein und aus. Deine Erzählungen legen nahe, dass du in einer bizarren Welt voller interessanter Gestalten aufwuchst, was dich zweifellos prägte. Nicht umsonst wurde Federico Fellini später einer deiner Lieblingsregisseure. Die interessanteste Gestalt in deinem Leben war vermutlich dein Vater. Er, der sich regelmäßig in Frauenkleider warf und sich selbst als Kunstfigur inszenierte und darbot, war eine schillernde Persönlichkeit.

Eines Tages wurde deinen Eltern die Kleinstadt zu spießig. Sie verkauften Café und Kunsthandlung und zogen nach Stuttgart. Fortan gingen sie anderen Tätigkeiten nach. Deine Mutter verdingte sich als Chefsekretärin, dein Vater als Angestellter. Seine Travestie-Neigungen veredelte er zu einem lukrativen Nebenerwerb. Du wurdest unter die Obhut deiner Großmutter Margarete gestellt, die nun mit euch unter einem Dach wohnte. Sie wurde dein Ein und Alles, dein Ankerpunkt in einem Leben, das mit jedem Tag ungewisser und spröder wurde, denn deine Eltern gingen ihre eigenen Wege, überließen dich der großmütterlichen Fürsorge. Nur wenige Jahre später musstest du auch die Stuttgarter Verortung, die Spielorte auf den Trümmern des Krieges aufgeben, wurdest erneut zum Aufbruch gezwungen. Du wurdest ins Internat verfrachtet. Ein Abschied voller Tränen, wie du mir erzählt hast. Was geht in einem Kind vor, dass sich Ereignissen und Einflüssen ausgesetzt sieht, denen es sich nicht widersetzen kann, obwohl es für sich genau spürt, dass sie sich nicht gut anfühlen? Ist es Ohnmacht, Verzweiflung? Auch ich habe diese Zumutungen, diesen Einbruch einer gnadenlosen und unheiligen Erwachsenenwelt erlebt, wenn auch auf völlig andere Art und Weise. Im Unterschied zu mir zogst du früh Konsequenzen aus diesen Erfahrungen. Kaum volljährig ließest du das alles hinter dir, wandest du dich von allen Institutionen ab, brachst mit allen Regeln, die deinen Werdegang negativ und autoritär zu beeinflussen suchten. Das Verhältnis zu deinen Eltern blieb dennoch gut. Das lag daran, dass du kein nachtragender Mensch warst, sondern stets das Beste aus allen Situationen zu machen versuchtest. Solange ich dich kenne, warst du ein nach vorn orientierter, in der Gegenwart lebender Mensch. Die Wunden aber über dieses Ausgestoßen-Werden waren da. Tief vergraben lebten sie in dir und wirkten weiter.

Im weiten Meer der Trauer

Schon Freud wusste, dass das Leid die Macht hat, unseren Geist und unser Verhalten zu verwirren. Es ist Januar, und ich bin davon überzeugt, dass sie dich ermordet haben. Du sahst doch noch so gut aus, warst äußerlich noch so intakt. Wie kann es sein, dass du dich innerlich in einem so tödlichen Zustand befunden hast? Die müssen was falsch gemacht haben – der Gedanke verfolgt mich, gräbt sich tief in mein Inneres und nistet dort verbunden mit einem Gefühl der Schuld, das mich nicht zur Ruhe kommen lässt. Was hätte ich tun können oder lassen sollen, um dich zu retten? Gibt es einen Grund für all diese Tumore und Metastasen? Als ich auf eine Bekannte vor dem Haus stoße, die sich nach deinem Befinden erkundigt, bin ich völlig konfus. Auch wenn ich nach außen normal erscheine, spreche ich sie statt mit ihrem mit dem Namen ihrer Tochter an. An den von ihr kann ich mich beim besten Willen nicht mehr erinnern. Vieles in meinem Kopf ist wie weggeblasen. Die Gedanken, die noch da sind und die sich durch meine Hirnwindungen fräsen, scheinen Löcher zu hinterlassen. Das ist neu. Nachts wache ich wieder und wieder auf, bin untröstlich und verzweifelt und heule mir die Seele aus dem Leib. Der Tagesanbruch macht es auch nicht besser. Meine Schwester schaut vorbei, rührt das leckere Dessert aber nicht an, das ich für uns gemacht habe, um mich abzulenken. Was soll ich nun damit? Wer will schon alleine essen? Ich habe sowieso keinen Appetit. Seit deinem Tod ist er mir abhandengekommen. Mühsam schleppe ich mich durch Stunden und Tage. Wie schwer kann ein Mensch sein, der kaum noch etwas zu sich nimmt? Ich besuche meine Eltern. Sie sitzen auf ihrem Sofa, als sei nichts geschehen, und kreisen um ihre Altersbeschwerden und Wehwehchen. Als ich deinen Tod zur Sprache bringe, verweisen sie auf ihren eigenen mit der Begründung, er stünde bald bevor. Der Besuch erschöpft mich in rasender Schnelle. Abgekämpft fahre ich nach Hause, lege mich ins Bett, lasse ganze Tage und Nächte an mir vorübergleiten, kreise durchs Haus wie ein Nachtfalter. Am 10. Januar 2021 finde ich getarnt zwischen anderen Unterlagen überraschend ein Krebstagebuch in deinem Zimmer.

Es beginnt am 20. Januar 2020. Der letzte Eintrag stammt vom 24. Oktober 2020. Die Welt hält den Atem an und ich mit ihr. Was hätte anders laufen müssen? Wo wäre noch etwas zu retten gewesen? Wie sahst du die Sache? Akribisch forsche ich nach. Es gibt Dinge, die man machen muss, auch wenn man sich eigentlich nicht dazu in der Lage sieht. Die Außenwelt klingelt Sturm. Es gibt Verpflichtungen, die einzuhalten sind, komme da, was wolle. So richtig kümmert es keinen, ob es gerade passend ist oder nicht. Groteske Welt. Ich würde mich viel lieber verkriechen, aber sie lassen mich nicht. Niemand lässt dich, solange du noch tauglich bist. Vielleicht sollte ich die Zugbrücke hochziehen? Wie eine Schnecke ohne Schleim bewege ich mich weiter, versuche, so gut es geht, meinen Pflichten nachzukommen. Immer wieder klingelt das Telefon. Der schrille Ton ermahnt mich zu funktionieren. In den besseren Stunden flenne ich Stunde um Stunde, Tage um Tage, fülle den Burggraben mit Tränen. Schließlich schaffe ich es endlich, in deinem Namen einen Spendenaufruf für Afrika loszulassen. Wir ändern die Gangart der Welt. Gemeinsam. Noch immer. Du liebtest Afrika, auch wenn du es stets für verloren hieltest. Wieder spricht das Telefon. Das dumme Ding! Kann es keine Ruhe geben? Ich will es zum Schweigen bringen, aber es kennt kein Pardon, klingelt, als würde sich die Welt weiterdrehen. Dabei steht sie in Wahrheit doch still. Die Wirklichkeit hat mich enteignet und hält an dieser Enteignung fest. Eine merkwürdige Sache. Währenddessen beschließt die Bundesregierung, massiv unterstützt von den Ländern, neue, verschärfte Corona-Maßnahmen. Mich lässt das völlig kalt. Aus meiner Sicht müsste die Pandemie Krebs heißen. Aber der steht gerade nicht auf der Agenda. Die Angst des Jahres – oder werden es Jahre? – lautet Covid-19. Mir ist, als lägen zwischen gestern und heute tausend Jahre. Ich putze und nehme anschließend ein Bad. Trauer umflort mich. Wie erkennt man Vergänglichkeit an? Jede welkende Blüte ist ein Abschied. In Washington stürmen Trump-Anhänger das Kapitol. Auch dort Tote. Die Welt und ich – wir befinden uns in einem dramatischen Zustand. Da ist so viel Weh. Ich muss mich hinlegen, so traurig bin ich. Werde ich wieder auf die Beine kommen? Nachts hingegen liege ich stundenlang wach. Als ich eine kurze Trauerreise mache, um mich wenigstens ein bisschen zu entlasten, sehe ich eine steile, steinige Geröllhalde vor mir, die ich kaum bezwingen kann. Dann entdecke ich winzige grüne Grashalme und einen kleinen Pfad und schaffe es wider Erwarten doch hochzukommen. Was ich erlebe, erlebe ich nur, weil ich lebe und was ich fühle, fühle ich nur, weil ich in der Lage bin zu fühlen. So ähnlich verhält es sich auch mit dem Tod. Wir sterben, weil wir leben. Diese Erkenntnis ist an Schlichtheit kaum zu überbieten, aber es ist wichtig, sie zu verstehen: Würden wir nicht leben, könnten wir auch nicht sterben. Der Tod ist Teil des Lebens, die letzte große Ordnung im Gefüge dieser Welt. Das gilt es zu begreifen und anzunehmen. Verzweifelt suche ich mitten in der Nacht nach deinem Ehering. Als ich ihn nicht finde, gerate ich völlig aus dem Häuschen. Tief ist die Bekümmerung. Väterchen Frost meldet sich zurück. Der Tag ist sonnig, ich aber bin verloren, bringe sogar die Schneemänner, die aus dem bisschen Schnee hervorgeschossen sind wie Pilze aus dem Boden, zum Schmelzen mit meinen Tränen. Wattiert, und ich hasse Watte, laufe ich weiter, immer neben der Spur. Wann war nochmal die Trauerfeier? Es ist erst wenige Tage her, und doch kann ich mich nicht mehr an das Datum erinnern. Alles zieht an mir vorbei, als sei ich Statistin in einem Film Noir. Wieder und wieder durchlaufe ich die Programmschleife, in der ich mich befinde, oszilliere in einer Welt, die es nicht mehr gibt, für mich aber immer noch existiert. Das Trauma, das einen angesichts des Todes eines geliebten Menschen befällt, hält uns auf, trennt uns vom Rhythmus dieser Welt. Es ist, als falle ein dichter Schleier, der uns trennt. Ich gehe wieder arbeiten, aber in meinem vernebelten Hirn verschwimmt alles. Meine Konzentration versteckt sich im Teppichschaum. Die Kollegen zeigen großes Verständnis. Das tut mir gut. Tage voller Leere reihen sich aneinander. Ich funktioniere, reagiere, spreche, telefoniere, doch es bleibt nichts davon zurück. Hin und wieder dringt ein einzelnes Wort zu mir vor, dann verschwindet es wieder, versinkt im Nichts. Liebe ist die Begegnung zweier Seelen, Begierde die Begegnung zweier Körper. Wir hatten beides. Dein Tod ist so unfassbar. Kleinste alltägliche Konflikte rauben mir nun jegliche Kraft, führen dazu, dass ich mich immer wieder hinlegen muss, so geschwächt fühle ich mich. Das Abtauchen hilft mir. Tief aus meinem Inneren dringen Worte zu mir, reihen sich aneinander, erinnern mich daran, dass es mich auch ohne dich gibt. Sonnige, frostige Tage reihen sich aneinander. Ich spaziere am Neckar entlang, tränke sein Ufer mit meinen Tränen. Ich laufe immer weiter neben der Spur. Die Wirklichkeit existiert nicht mehr für mich. Sie ist nur noch für die anderen Menschen da. Die Trauer hat ein eigenes Tempo, auf das ich keinerlei Einfluss habe. Mehr und mehr leere Tage reihen sich aneinander, fallen der Vergessenheit anheim. Es ist, als hätten sie nie stattgefunden. Ich greife immer wieder nach Strohhalmen, verliere mich in der Musik von Lala-Land. Kurz nach der Deutschlandpremiere haben wir dieses Kino-Musical in einer kalten Januarnacht zusammen gesehen. Mich sprach es total an, dich gar nicht. Am liebsten hättest du wie einige andere Leute das Kino noch während des laufenden Films verlassen. Mir zuliebe bliebst du. Bis heute kann ich deine Kritik nachvollziehen. Die Musik- und Tanzeinlagen würzen die fade Linearität, aber das Fehlen von Seitensträngen gibt dem Film ein altmodisches, fast langatmiges Flair, das eben nicht jeden anspricht. Doch gleichzeitig erzählt dieses Musical eine Geschichte, die zutiefst berührend und sehr aktuell ist. Es geht um nichts weniger als um die Verwirklichung der eigenen Lebensträume und damit um das große Thema Selbstverwirklichung, das derzeit viel Raum in unserer verwöhnten Gesellschaft einnimmt. Stilistisch und schauspielerisch hochprofessionell gelingt es „La La Land", den Traum im Traum zu kreieren und gleichzeitig ad absurdum zu führen. Beinahe schon prophetisch, dass die Hauptdarstellerin Emma Stone flankiert von Ryan Gosling durch diesen Film an die Spitze katapultiert wurde, dass das Thema des Films sich also im wirklichen Leben widerspiegelt. Kino an der Schwelle eines neuen Zeitalters, wo die Vorstellung selbst zur Vorstellung wird und sich zugleich wieder auflöst. Das ist Kunst, die sich selbst enttarnt. Man muss das mögen, sich mitnehmen lassen wollen – nur dann überzeugt einen dieser Film. Trotz gegensätzlicher Meinung bildete dieser Kinoabend den Auftakt für eine der schönsten Nächte unseres Lebens und wird mir für immer unvergesslich bleiben. Gegensätzlichkeit, die verbindet statt trennt, ist ein Schatz ungeheuren Ausmaßes. Wir landeten anschließend in einer brechend vollen und verrauchten Studentenkneipe, in der du genüsslich eine Zigarre pafftest, wie du das gewöhnlich zu tun pflegest. So wie du für mich im Kino ausharrtest, setzte ich mich nun für dich mitten in diese Rauchschwaden, die mir fast die Luft zum Atmen nahmen, und zelebrierte den Abend mit dir. Wir ließen den Zauber unserer Beziehung wirken, blickten uns tief in die Augen, redeten miteinander und genossen unser Zusammensein. Draußen rieselte leise der erste Schnee. Eine Nacht mit echtem Happy End und dies nach so vielen Ehejahren. Glück ist ein Geschenk.

Der Verlust einer Beziehung schmerzt körperlich. Bei mir ist es vor allem das Herz. Es spielt dauernd verrückt und mein Blutdruck auch. Er ist so hoch wie noch nie. Wenn ein geliebter Mensch stirbt, entsteht eine Wunde. Es ist keine Wunde, die man sieht, und doch ist sie groß und fühlt sich sehr schmerzhaft an. Das liegt daran, dass unser Gehirn für alle Art von Verletzungen – ob körperlich oder seelisch – dieselben neuronalen Netzwerke nutzt. Es unterscheidet nicht. Mein Geburtstag ist da. Das Draußen ist ein weißes Wunderland, doch ich sehe Blutspuren im Schnee. Dass ich wieder ein Jahr älter bin, ist mir total egal. Meine Freundinnen und Freude geben sich alle Mühe, mich aufzuheitern, überhäufen mich mit Blumen, stellen mir Reisen in Aussicht. Mir ist alles zu viel. Was interessiert mich das Leben. Habe ich überhaupt noch eins? Abends hänge ich ganz allein vor der Glotze herum, um zu vergessen. Nachts wache ich zu den unmöglichsten Zeiten auf und liege dann stundenlang wach. Erinnerungen aller Art bedrängen mich. Jeden Morgen bete ich für dich und jeden Abend lese ich dir laut aus dem Tibetanischen Totenbuch vor. Ich habe es vor etwa zwanzig Jahren schon einmal gelesen, als ich selbst ziemlich krank war, verstand damals nur Bahnhof, spürte dabei aber etwas, das mich bewegte, so als würde zwischen den Zeilen etwas transportiert, etwas, das man nicht mit Worten erklären kann und das doch da ist. Eine unsichtbare Welt voller Geister, die überwunden werden müssen, damit wir zurück ins Licht gelangen können. Es ist unerklärlich, aber ich muss es tun, muss dem Unerklärlichen Raum geben, muss mich in diese unheimlichen Tiefen begeben. Sind das Strohhalme, nach denen ich greife, vergebliche Versuche, dem Leben ein Rest von Stabilität zu verleihen? Ich weiß es nicht. Ich weiß nur eins: Was ich auch tue, das Wellental wird tiefer und tiefer. Der Strudel raubt mir Sinn und Verstand und drückt mich auf den Meeresboden. Sogar die kurzen Gänge mit unserem Hund absolviere ich wie in Trance, dem Wasser kurzfristig entstiegen wie eine Seejungfrau aus dem Märchen, aber halbtot und ohne jeglichen Bezug zur Wirklichkeit. Ich nehme mir frei, weil ich mich kaum noch konzentrieren kann. Freunde rufen an und erkundigen sich nach meinem Befinden. Die Frage wird mir zunehmend zuwider. Was verdammt nochmal wollen sie hören, frage ich mich. Wie oft soll ich es noch wiederholen? Durch den Strudel der Verzweiflung dringt eine Botschaft zu mir: *Nie war die Chance größer dein wahres Selbst zu finden.* Das ist doch absurd, denke ich. Wie soll ich mich, so passiv und niedergeschlagen wie ich bin, zu irgendetwas aufraffen? Und was soll das überhaupt sein, das wahre Selbst? Ich glaubte es mal zu wissen, nun halte ich das für total irrelevant. Lillibilli, die du mir im Februar 2016 schenktest und die eigentlich immer mehr dein als mein Hund war, türmt Teppiche zu Berge, seitdem du nicht mehr da bist. Hunde, habe ich gelesen, würden viel vom Trauern verstehen. Ich türme keine Teppiche zu Berge, ich türme Berge von Wasser und würde am liebsten darin verschwinden. Ich wache mit deiner Stimme im Ohr auf. „Uschi, bist du da?", fragst du leise. „Ja", antworte ich und wünsche mir, mit dir reden zu können. Aber ich höre dich nicht mehr, du bist verstummt. Es war nur eine, … wie nennen sie das? Halluzination. Was für ein Pech, denn du könntest mir jetzt weiterhelfen, du, der du immer ein am Leben orientierter Mann warst.

Eine Freundin, sie hat sich zur Trauerbegleiterin ausbilden lassen, kümmert sich um mich, rät mir, ich solle mich gut behandeln und schickt mir ein Buch geschrieben von Chris Paul, Deutschlands derzeit bekannteste Trauerberaterin. Ich beginne sofort zu lesen, führe dazwischen den Hund aus, liege stundenlang im Bett, schlaflos, nehme Vollbäder mitten in der Nacht. Eine Augenentzündung plagt mich. Und noch immer quält mich die Frage nach dem passenden Bestattungsort. Unsere Tochter hat mit dir vereinbart, dass du in einem Wald beigesetzt werden wirst. Davon erfahre ich erst jetzt. Die Tage versickern. Ob ich sie wohl jemals wiederfinde? Kaum anzunehmen. Du bist mein erster Gedanke, wenn ich aufwache und mein letzter, bevor ich einschlafe. Ich besuche den Wald, in welchem du deine letzte Ruhestätte finden sollst. Der kurze Rundgang dort löst so starken Widerstand und Befremden in mir aus, dass ich ihn abbrechen muss. Fluchtartig verlasse ich den Todeswald, keineswegs sicher, dass ich zustimmen kann, dir hier deine letzte Ruhe zu ermöglichen. Ich nehme einen zweiten Anlauf. Dieses Mal gelingt es mir zu bleiben, doch die Zweifel nagen weiter an mir. Ist das ein Ort, an dem man sich der Toten erinnert? Oder ist das ein Ort, an dem man die Toten entsorgt und sie dem Vergessen anheimgibt? „Nicht des Vergessens, des Loslassens", erwidert eine Freundin, als ich ihr von meinen Bedenken und Widerständen erzähle.

Du warst ein großartiger Mensch, hattest aber wie jeder von uns deine Schwächen. Deine größte Schwäche war zugleich auch eine deiner größten Stärken. Verrückt, nicht wahr? Du hast die Welt durch eine Linse betrachtet, durch deine ganz eigene Linse, und darüber durfte es keine Diskussion geben. Mischte man sich darin ein, wurdest du vorwurfsvoll, fingst an zu meckern und hörtest oft auch nicht mehr damit auf. In dieser Hinsicht war es klug, sehr klug, sich rechtzeitig zu beugen, sonst wurdest du kategorisch, und darin warst du richtig virtuos. Ein einziges Mal, ziemlich am Anfang unserer Beziehung überredete ich dich, ohne deine Kameraausrüstung in den Urlaub zu fahren. Wie sich herausstellte, war das eine Idee, die mich mit einem gänzlich anderen Persönlichkeitsanteil deinerseits konfrontieren sollte. Sonst ein Mensch des Hier und Jetzt fühltest du dich noch viele Jahre später um die Bilder betrogen, die du auf dieser Reise hättest schießen können, fühltest dich bevormundet, und das ging gar nicht. Du liebtest es, Situationen, Stimmungen und Licht zu fixieren und zu sammeln. Selbst als ich diese Reise für dich mit Worten nachzeichnete und beschrieb, war das nur ein schwacher Trost für dich. Mit gewissen Dingen wolltest und konntest du dich nicht abfinden. Wenn du an etwas Spaß hattest oder es für sehr erstrebenswert hieltest, wolltest du es unter allen Umständen genießen. Ich wähle extra den Begriff genießen, der nicht mit habenwollen oder festhalten verwechselt werden sollte. Bis hinein in die Endphase deiner schweren Krebserkrankung trat diese besondere Gabe bei dir zum Vorschein. Sogar als es dir schon sehr schlecht ging und du sämtliche Kraftreserven mobilisieren musstest, um überhaupt noch aufstehen zu können, hörtest du nicht auf zu genießen und die guten Augenblicke zu sammeln und im Buch des Lebens zu verewigen. Ich erinnere mich an einen Besuch von Freunden, die so wie du gerne Weihnachtsgebäck aßen. Es dauerte lange, bis du überhaupt am Tisch Platz nehmen konntest. Längst littest du unter

91

ständig starker Übelkeit. Doch als du saßt, gabst du dich vergnügt und verzehrtest genussvoll Christstollen und Lebkuchen. Nein, du warst kein Spielverderber, nie und nimmer. Leben und Lebensgenuss waren dir immer wichtig und dem bliebst du bis zum bitteren Ende treu. Es ist wichtig, sich dem Leben klar und bewusst zu stellen, selbst wenn es schmerzt.

Sechs Wochen nach deinem Tod kommt der Tag, an dem deine sterblichen Überreste bestattet werden sollen. Wegen der Pandemie hat sich alles verzögert. Ich trinke an diesem Morgen erst einmal Kaffee mit dir in einer Bar in Chiang Mai. Ganz gechillt. Die Erinnerungen erscheinen mir realer als mein aktuelles Leben. Nein, du bist nicht fort. Du bist noch da. Irgendwann jedoch ist der Kaffee ausgetrunken, die leeren Tassen füllen sich mit Tränen. Äußerlich wirke ich gefasst, fahre pünktlich zusammen mit den Kindern los. Innerlich bin ich zerbröselt. Die Bestatterin ist schon da, überreicht uns höchstpersönlich die Urne, der Waldförster geht voran. Gemessenen Schrittes schreiten wir zur Bestattungsstelle, eine kleine Delegation der Liebe und der Trauer. Ich bin nur in Teilen anwesend, auch wenn ich scheinbar da bin. Hinter der kahlverzweigten Buche haben sie eine Vertiefung gegraben direkt vor einer jungen Tanne und neben einem Baumstumpf. Sie ist mit Tannenzweigen umkränzt und mit Blumen geschmückt. Im Boden steckt ein kleines Holzkreuz. Ich spreche ein Gedicht, in dem ich unserem gemeinsamen

Leben Ausdruck verleihe. Genau in dem Moment, als die Urne an Seilen ins Erdreich hinabgelassen wird, bricht die Sonne durch die dichte Wolkendecke und taucht uns und die Beisetzungsstätte in goldenes Licht. Die Moose leuchten mit einem Mal smaragdgrün. Es ist wie Magie. Wir sind uns alle einig: Das kann kein Zufall sein. Unser Kameramann will uns ein Zeichen geben, sorgt für die perfekte Beleuchtung. Und damit kein Zweifel bleibt, beginnt es eine Stunde später auf dem Rückweg zu nieseln. Die angekündigte 90prozentige Regenwahrscheinlichkeit tritt mit so großer Verspätung ein, dass wir fest an das Wunder deines Abschiedsgrußes glauben. Diese lichtdurchflutete Unterbrechung sollte uns daran erinnern, wie schön das Leben ist. Doch das Wunder schmerzt. Nur eine kurze Spanne Zeit ward uns beigemessen, Liebster, so wie das ganze Leben nur eine kurze Spanne Zeit umfasst. Zuhause angelangt drängt es mich zur Umkehr. Am liebsten würde ich auf der Stelle zurückfahren, mich nicht mehr von diesem Platz wegrühren, an dem sich deine fidelen Kohlenwasserstoffe wieder mit der Erde verbinden. Mein Verstand weiß ganz genau, dass nichts und niemand dich wieder lebendig machen kann, doch mein Herz weigert sich strikt, dies zu glauben. Da sich der Tag bereits neigt und der Weg lang ist, zwinge ich mich daheimzubleiben. In aller Schärfe wird mir bewusst, dass es eben nicht der Friedhof um die Ecke ist, sondern ein Waldstück in der Mitte von Nirgendwo, noch dazu mehr als eine halbe Stunde Autofahrt entfernt. Gründe, die gegen eine Waldbestattung sprechen. Die Wellen brechen über mir zusammen. Der Strudel reißt mich wieder in die Tiefe. Die Stunden stehen still, ohne wirklich stillzustehen.

Eine Frau, die ich vom Sehen flüchtig kenne, meldet sich bei mir und bekundet ihre Anteilnahme, erzählt von ihrem Schmerz, der auch nach fast zwei Jahren unvermindert anhalte. Ich höre mir ihre Klagen an, nehme Anteil an ihrem Schicksal. Irgendwann wird es mir zu viel. Mir geht es nicht gut genug, um dem Schmerz von anderen Menschen Raum zu lassen. Ebenso schlage ich die Einladung aus, einer Trauergruppe beizutreten. Erstmalig in meinem Leben gelingt es mir, mich abzugrenzen. Das wäre zu deinen Lebzeiten undenkbar gewesen. Da war Abgrenzung ein Fremdwort für mich. Immer musstest du für uns beide Grenzen ziehen. Nun kann ich gar nicht anders. Es ist, als ob du mir aus dem Grab zurufen würdest. „Tu es! Befreie dich!" Abgrenzung wird zu einem Überlebensfaktor für mich. Der Burggraben aus geweinten und nichtgeweinten Tränen wird immer tiefer. Wenn unser Glück und unsere Stabilität bedroht sind, müssen wir eine Überlebensstrategie finden. Meine lautet Rückzug.

Ich bin die Witwe eines außergewöhnlich lebensfrohen und zuversichtlichen Mannes. Du warst schon fast sträflich unbekümmert. Man kann sagen, dass du dem Leben stets zugewandt und immer bereit warst, das

Beste aus jeder Situation zu machen. Mich überfällt große Traurigkeit, wenn ich daran denke. Noch immer sehe ich dich Sonnenstrahlen einfangen gehen. Dein Tod ist eine entsetzliche Zäsur, ein Verlust, der kaum in Worte zu fassen ist. Gleichzeitig ermahnt mich dein seelisch-geistiges Erbe, nach vorn zu blicken, wie du es mir zeitlebens nahelegtest. Dabei habe ich dich zu Lebzeiten oft damit frustriert, dass es mir nicht so recht gelingen wollte. Nun gelingt es mir wieder nicht wirklich, doch da ist ein winziger Same, der darauf wartet, keimen zu dürfen. Tief unter meinem Schmerz und meiner Schockstarre ist noch etwas. Ich glaube, sie nennen es Dankbarkeit. Ich schicke Stoßgebete zum Himmel, dass du 38einhalb Jahre lang an meiner Seite gewesen bist. Auch wenn unsere Reise in diesem Leben zu Ende ist, bleiben mir wundervolle Erinnerungen. Wie kaum ein zweiter Mensch auf dieser Erde bejahtest du die Realität in all ihren Facetten, lebtest so vergnügt, als gäbe es kein Morgen. Jeder, der sich eine Weile in deiner Gegenwart aufhielt, konnte es spüren. Man wurde leichter und fröhlicher nach einer Begegnung mit dir. Man fühlte sich aufgeheitert. Dein spirituelles Erbe, das ist mir bewusst, fordert mich zum Weiterzugehen auf. Zuvor jedoch gilt es die Bürde zu bewältigen, die mir durch die Ereignisse auferlegt wurde. Ich brauche Kraft, Liebe, Vertrauen, auch Freude, denn sie führen uns zu uns selbst zurück. Noch kann ich die schmerzliche Erfahrung nicht wirklich annehmen, noch ringe ich ums blanke Überleben, wie Chris Paul eine der sechs Trauerfacetten nennt, die sie in ihrem Buch „Ich lebe mit meiner Trauer" beschreibt. Wenigstens aber ringe ich. Wir gingen zusammen durch dick und dünn, erlebten Höhen und Tiefen. Wir ließen uns aufhalten, doch wir sprengten auch Grenzen. Eine auf Dauer angelegte Verbindung zwischen zwei Menschen eröffnet Möglichkeiten, die kaum größer sein können, birgt aber auch ungeahnte Herausforderungen. Ich bin eine Frau, die weiß, was es bedeutet, beziehungstauglich zu sein. Früher fiel es vielen schwer, die Möglichkeiten auszuschöpfen, die eine Beziehung beinhaltet, heutzutage sind viele nicht mehr bereit, sich den Herausforderungen zu stellen, die das Miteinander und das Durchhalten dieses Miteinanders eröffnen. Eine der größten Illusionen im Leben ist neben dem Besitzanspruch die Illusion, es müsse immer alles harmonisch und gut sein. Das muss es nicht. Wahre Verbundenheit ist die Kunst des Zulassens und des Loslassens. Stark verfestigte Egostrukturen dämpfen jedoch die Bereitschaft, sich einzulassen, zuzulassen, loszulassen und sich herausfordern zu lassen. Die zunehmende Versingelung der Gesellschaft belegt das. Wer zuerst an sich selbst denkt und sich dabei womöglich noch notwendigen Entwicklungen verweigert, schafft kein Vertrauen, sondern zerstört Vertrauen. Vertrauen aber ist die Basis und Voraussetzung für ein gelingendes Miteinander und für die Bewältigung von Krisen. Nur auf der Basis von Vertrauen kann Liebe gedeihen und erfolgreich weiterwachsen. Zugegeben, es kann Geduld erfordern, einem viel abverlangen und schmerzhaft sein, sich dem Ausmaß, der Wirklichkeit und Wahrheit des Anderen zu öffnen, aber es ist immer ein Gewinn und nie ein Verlust, sogar wenn es schiefgehen sollte. Eines der besten Mittel, um das Glück einer Liebesbeziehung zu erhalten, ist, immer wieder zum Zauber des Anfangs zurückzukehren und die Schatzkarte Beziehung als gemeinsames Abenteuer zu begreifen.

Gleich am nächsten Tag bin ich wieder im Bestattungswald. Eine extrem fahlgelbe Lichtstimmung taucht das Land in Sepia. Das liegt daran, dass Saharasand weite Teile Süddeutschlands, Österreichs und der Schweiz durchweht. Laut Radiomeldungen verstärken sich in anderen Teilen Deutschlands dadurch die Schneefälle dramatisch, darunter sogenannter Blutschnee. Ich entdecke sowohl den Wald als auch das kleine Stück Erde um deinen Baum herum neu. Die Stille dort spricht mich an. Und es tröstet mich, dass Lillibilli mich begleiten darf. Denn ich weiß, dass das ganz in deinem Sinne ist. Du hast Tiere als fühlende Wesen begriffen, weshalb du vor mehr als zwanzig Jahren Vegetarier wurdest. „Nichts was Augen hat", sagtest du immer. Wir konnten es lange nicht fassen, denn bis dahin warst du der passionierte Fleischesser schlechthin. Wie brav unsere Lillibilli neben deiner Grabstelle sitzt, so als wüsste sie genau, dass du hier ruhst. Auf dem

Gemeindefriedhof wäre das undenkbar, da würde ich mir eine Menge Ärger einhandeln, wenn ich ihr das erlauben würde. Ich sitze auf einem Baumstumpf direkt neben dir, das Dach der Buche über mir. Der Nebel in meinem Kopf konkurriert mit diesem seltsam ockerfarbenen Himmel, der wie ein Damoklesschwert über den Bäumen hängt. Es mag so aussehen, als sei ich noch die Alte. In Wahrheit aber bin ich es nicht mehr. Ich bin in einen Kokon eingesponnen, dessen Wandung von Tag zu Tag dichter wird. Seltsamerweise weist mein Eingesponnen-Sein Ähnlichkeiten mit dem Raupen- und Puppenstadium des zukünftigen Schmetterlings auf, bei dem sich die Fresslust vor der Häutung vermindert bis hin zur gänzlichen Verweigerung der Nahrungsaufnahme. Dabei kommt es zu einer völligen Entleerung des Darmes. Das geht soweit, dass nach Abgabe der letzten Kotballen, Tröpfchen von Darmflüssigkeit durch den After herausgepresst werden. Hierdurch schrumpfen die Tiere zusammen und verändern zugleich ihre Färbung. Sie werden wachsartig, fast durchscheinend. Das liegt daran, dass nach der gründlichen Entleerung des Darmes die mit gelblichem oder weißlichem, transparentem Sekret prall gefüllten Seidendrüsen fast ganz allein den Innenraum einnehmen. Die Tiere kriechen mit aufgerichtetem Vorderende unruhig umher, aus der Spinnwarze immerzu Seide entlassend, dabei suchen sie einen zum Einspinnen geeigneten Platz. Naturgemäß ist es von besonderer Wichtigkeit, dass die Tiere die Gelegenheit haben, einen vollwertigen Seidenkokon zu bauen. Für mich scheint dieser vollkommene Kokon ebenfalls eine Notwendigkeit zu sein.

Der anhaltende Lockdown aufgrund der Covid-19-Pandemie verstärkt mein Gefühl, wattiert zu sein noch. Ich hasse diese Watte, denn ich kann kaum noch einen klaren Gedanken fassen. Gleichzeitig bin ich unsagbar wütend auf meine Eltern, ohne mir erklären zu können, warum eigentlich. Die Wut ist einfach da. Vielleicht hängt sie mit meiner von Einsamkeit und Missbrauch geprägten Kindheit zusammen. Dabei dachte ich, dass ich das längst hinter mir gelassen hätte. Oder bin ich wütend, weil du tot bist, und sie müssen dafür herhalten, sind die Projektionsfläche? Das kann ich nicht glauben. Ich wünsche keiner Menschenseele den Tod. Und seit ich ihn in seinem ganzen brachialen Ausmaß gesehen habe und mit seiner Unbegreiflichkeit leben muss schon gar nicht mehr. Die Wochen ziehen ins Land. Während ein Militärputsch in Myanmar die Regierung von Aung San Suu Kyi zu Fall bringt, entdecke ich die ersten Primeln. Ich beweine sie, als ich hätte ich noch nie welche gesehen, empfinde es als Anmaßung, dass es Frühling ohne dich wird. Wie kann Hoffnung sterben und zugleich entstehen? Wie ist das bloß möglich? Wie kannst du tot sein und gleichzeitig geht alles weiter? Ich ziehe mich immer weiter zurück. Wenn ich mir die Augen aus dem Kopf heule, will ich weder die prüfenden Blicke meiner Mitmenschen auf mir spüren, noch will ich mein Entrückt-Sein erklären müssen und ich will auch nicht bemitleidet werden. Das Alleinsein wird mir zu einem Zufluchtsort. Das hast du immer befürchtet. Du wolltest nie, dass der Eigenbrötler in mir Oberhand gewinnt. Aber vielleicht ist gerade er es, der mir jetzt das Leben rettet.

Die Zeit vergeht. Unser Hund türmt weiter Teppiche zu Berge und kackt wieder rein, was schon ewig nicht mehr vorgekommen ist. Das Entsetzen, das mich im Griff hat, geht mir an die Substanz, ohne dass ich etwas daran ändern kann. Ich rufe mir die Trauerfacetten von Chris Paul ins Gedächtnis: ÜBERLEBEN, GEFÜHLE, WIRKLICHKEIT, SICH ANPASSEN, VERBUNDEN BLEIBEN, EINORDNEN. Wie eine Ertrinkende klammere ich mich daran fest. Das Buch „Ich lebe mit meiner Trauer" hilft mir irgendwie, beruhigt das Trauerwirrwarr, in dem ich mich befinde, immer wieder für ganz kurze Zeit. Das schafft keines der anderen Bücher und Ratgeber zum Thema Trauern, die ich mir besorgt oder geschenkt bekommen habe. In den winzigen Verschnaufpausen, die mir Chris Paul mit ihrem Leitfaden verschafft, wird mir klar, dass unsere Beziehung nun vollendet ist. Der Gedanke ist schrecklich und reißt sofort wieder einen Abgrund auf. So geht es Woche um Woche und Monat um Monat. Um mich herum, ob bei der Arbeit und auch sonst, scheint alles in Auflösung begriffen zu sein. Oder bilde ich mir das nur ein? Ich, die ich, sehr zu deinem Leidwesen, für Alkohol nie viel übrighatte, trinke nun regelmäßig, tränke diese Watte in meinem Hirn mit Rum, Wein, Bier. Du hättest deine helle Freude daran. „Trink doch mal was!" Wie oft hast du mich dazu aufgefordert, weil du wolltest, dass ich lustig bin. Nun saufe ich. Lustig bin ich deshalb aber noch lange nicht. Beruhigt? Entspannt? Keine Ahnung. Jedenfalls fühlt sich mein wattiertes Hirn dann nicht mehr so staubtrocken an. Es torkelt eher angefeuchtet von einer dunklen Ecke in die nächste oder fällt gleich ins Nichts. Witzig ist das nicht, aber nützlich, sehr nützlich, um nicht wahrhaben zu müssen, was ich nicht wahrhaben will. Ich treibe dahin, sehe mich außerstande, Dinge zu erledigen, selbst wenn sie wichtig sind. Leere Tage reihen sich aneinander. In vino veritas, sagt der Lateiner, im Wein liegt Wahrheit, und sie lautet: Ich hätte während deiner Krankheit mit dir träumen und planen sollen, ganz gleich, wie verrückt mir deine Projekte erschienen. Nun mache ich mir Vorwürfe, fühle mich schuldig, bin oft am Boden zerstört, weil ich es nicht getan habe. Immerhin lebe ich weiter, wenn man das Leben nennen kann. Gute Gewohnheiten, wie morgens ein bisschen Gymnastik zu machen oder den Hund auszuführen, helfen mir, nicht völlig abzusacken. Und meine Pflichten. Ich muss Dinge regeln, zur Arbeit gehen. Mir bleibt keine Wahl.

Jede Kleinigkeit erscheint mir wie ein Berg. Allein eine Überweisung zu tätigen, ist schon eine Mammutaufgabe, bei der ich mir auf die Schulter klopfe, wenn sie gelingt. Der Frachter „Ever given" havariert im Suez Kanal. Eine Blockade des Welthandels droht. Ich schleppe mich durch die Tage, zähle Blümchen, bade in Tränen. Das Leben ist mir entglitten, nicht aber der Gedanke, dass ich es wiederfinden muss. Denn das hättest du so gewollt. Ich muss immer an dich denken, an deine Worte, an deinen Optimismus. Du warst der Meinung, dass man sein Schicksal annehmen und das Beste daraus machen muss. Du willst mich nicht so traurig sehen. Oh, nein! Du willst stolz auf mich sein. Du willst, dass die Frau, mit der du dein Leben teiltest, weiterrockt. Aber ich habe keine Ahnung, wie ich das machen soll, schon gar nicht ohne dich. Ich schlafe kaum noch und wenn, dann in immer kürzer werdenden Etappen. Frostige Nächte und Tage reihen sich aneinander, sind wie Klammern. Leben in Gefangenschaft. Und es wird immer krasser. Irgendwann ist um 3.30 Uhr schon die Nacht um, obwohl ich erst kurz nach 2 Uhr eingeschlafen bin. Zum Glück ist es meine Art, so etwas locker zu nehmen. Ich stehe oft einfach auf und drehe eine Runde mit dem Hund. Die Nacht ist schließlich nicht allein zum Schlafen da, die Nacht ist ein Schutzmantel. Der batteriebetriebene Drücker für die Garage ist mir abhandengekommen. Dauernd verlege ich irgendetwas. Als ich ihn endlich wiederfinde, breche ich in Tränen aus und heule erst einmal eine ganze Weile.

Ende März reißt der seit Wochen trübe Himmel auf und der Frühling sendet ein weiteres vorsichtiges Lächeln. Das ändert aber nichts an meinem Hirnnebel. Ich taumle weiter, oft von Tränenfluten umspült. Im Kindergarten meiner Enkelin wird der Vater eines Kindes positiv auf Covid-19 getestet. Eltern und Erzieherinnen sind beunruhigt. Die dritte Welle in Folge baut sich auf. Mir wird klar, dass sich meine Seele durch Schichten von Angst herausschälen muss, sollte ich eines Tages wieder zur Zuversicht zurückfinden wollen. Mehrere Male in der Woche besuche ich deine Grabstelle. Ich muss nicht und doch muss ich. Es zieht mich unweigerlich dorthin. Trostlosigkeit, die umso größer ist, wenn die Tage tränenlos sind. Die Löwenzähne machen sich auf. Im Supermarkt treffe ich eine alte Bekannte. „Ihr hattet etwas Besonderes", sagt sie wehmütig. Ja, wir hatten etwas Besonderes – und doch wussten wir es nicht immer zu schätzen, gingen sorglos, hin und wieder sogar nachlässig damit um. Wie blöd kann man sein? Dein spirituelles Vermächtnis geht mir wieder und wieder durch den Sinn. Es ist die Freude, das Lachen, du wolltest immer im Hellen fischen, nicht im Trüben. Das zu können, ist eine meisterliche Kunst, eine Gabe. Aber nicht nur. Es ist auch eine Wahl. Es ist die Wahl, ja zu sagen, die Freude zu wollen, statt dem Mangel oder der

Betrübtheit Aufmerksamkeit zu zollen. Woher kommen Gedanken, die nicht zu den essentiellen Qualitäten wie Dankbarkeit, Freude, Frieden, Liebe, Stille, Versöhnlichkeit, Vertrauen zählen? Immer aus dem Mangel. Aber Mangel, der nicht auf wirklicher Not und auf echtem Hunger beruht, ist eine Illusion.

Nachtfröste lassen den Frühling und seine Blütenpracht erschauern. Die Kirschblüten erfrieren. Meine Dauerbetäubung fängt an, mich zu beunruhigen. Ich suche nach Auswegen, aber nichts hilft. Lost in space and time. Im Aufwachmodus habe ich manchmal wieder Halluzinationen, höre den Wasserhahn im Bad plätschern und vernehme noch andere Geräusche, die mich glauben lassen, du seist da. Muss ich mir Sorgen machen? Der Mai naht und eine Erkenntnis sucht mich heim: Trauer, die sich durch einen dusseligen Kopf und andere belastenden Symptome ausdrückt, ist immer ein Festhalten am Alten. Ich lebe in der Vergangenheit, halte an ihr fest. Und wie! Ich bin die geborene Festhalterin. Die Querdenker-Szene wird unter Beobachtung des Verfassungsschutzes gestellt und Annalena Baerbock nimmt Anlauf aufs Kanzleramt. Als ob alles aus mir rausgenommen wäre, so fühle ich mich. Aber ich gebe nicht auf. Eine Freundin ruft mich an und spricht mit mir über deinen Tod. Das Nachlassgericht meldet sich. Das formale Theater regt mich so auf, dass ich mich mit ihnen anlege und mir deshalb Ärger einhandle. Ich benehme mich wie eine Verrückte, so als ob ich gar nicht erben wollte. In meinen Träumen schließt sich die seit Monaten andauernde Lücke. Du bist endlich wieder da. Jedenfalls in meinen Träumen. Ich träume von deiner Krankheit, deinem Tod und von einer Frau, die ebenfalls sehr krank ist und einem Arzt, mit dem ich ein Gespräch führe. Dass du mich im Traum besuchst, empfinde ich als tröstend, doch das ändert nichts an den aufgewühlten Zuständen.

Die Margeriten blühen, dennoch will kein richtiges Maiengefühl aufkommen. Wolken, Wind und Kühle beherrschen den Monat. Mehrere Freundinnen von mir lassen sich gegen SARS-CoV-2 impfen. 3G – genesen, geimpft, getestet – wird gängig. Meine Nächte sind schwer und voller Träume von Krankheit und Tod. Mir wird klar, dass ich das Haus verlassen muss, um diese Spirale des wachsenden Unheils zu durchbrechen. Mit Hilfe eines alten Freundes, der mir den Weg ebnet, schaffe ich es, mich aufzuraffen. Der Sommer winkt. Der Rote Mohn lächelt mir zu. Es gibt so viel Schönheit in dieser Welt. Bitterlich weinend setze ich mich in Bewegung. Der Schliersee in Bayern erwartet mich.

Der Tod ist Ausdruck des Lebens
Das uns stets wandeln will
Herausreißen aus unserer Starre
Bis aller weltlicher Sinn zerfließt
Wir nackt und bloß vor Allem und Nichts stehen

105

Überlebenshelfer, Überlebensstrategien

Meine Entscheidung, an den Schliersee zu fahren, erweist sich als Schritt mit großer Wirkung. Denn mir begegnen dort drei außergewöhnlichen Menschen, die mir, jeder auf einmalige Weise, Beistand leisten. Namen tun hier nichts zur Sache, aber es sind großartige Menschen, denen ich viel verdanke. Ich tue Dinge, die ich noch nie tat, durchlaufe immer wieder den Barfußpark am See, bis meine Füße beinahe anfangen zu quietschen. Ich stelle mich unter den Josephsthaler Wasserfall und lasse mich von der kalten Kaskade fluten, bis ich ganz durchkühlt bin. Leute kommen vorbei und zücken ihre Handys, aber das ist mir wurscht. Was habe ich noch zu verlieren? Die Dauerbetäubung beginnt sich zu lockern. Ich

106

durchwandere Schluchten, begebe mich zusammen mit unserem Hund auf einsame, steile Wege, die du mir früher schlicht verboten oder einfach ausgeredet hättest. Ich mache zum ersten Mal Qi Gong, lerne den kleinen Energiekreislauf. Ich finde mich in einem Leben wieder, das schön und anders ist, aber auch so unsagbar traurig ohne dich. Man kann schrecklich alt werden heutzutage. Die Fußballeuropameisterschaft rauscht an mir vorbei. Das wäre zu deinen Lebzeiten noch anders gewesen. Der Hirnnebel lichtet sich immer weiter. Wieder zurück im Alltag muss ich mich um die Schäden, die der Monsterhagel am 23. Juni 2021 an unserem Wohnheim anrichtet, ganz alleine kümmern. Es gibt keinen tatkräftigen Mann mehr an meiner Seite, der mitanpackt. Das ist herb. Immerhin leiht mir eine Freundin, als am 28. Juni durch Starkregen der Keller überschwemmt wird, ihren Mann. Er sorgt fachkundig dafür, dass ich in Zukunft besser vor solchen Ereignissen geschützt bin, erweist sich als Ministabilisator in diesen herausfordernden Zeiten. Ich weine mehr denn je. Der Schock hat nachgelassen, aber der Erdrutsch meiner Seele setzt sich fort. Tiefer und immer tiefer. Manchmal wache ich an einem Kuss von dir auf. Magisches Denken nennt man das. Die große amerikanische Schriftstellerin Joan Didion hat nach dem Tod ihres Mannes ein ganzes Buch darüber verfasst. Eine glanzvolle schriftstellerische Leistung und Bewusstmachung, die ihresgleichen suchen. Nein, wir sind nicht verrückt, wir Witwen und Witwer – wir sind nur einfach im Schmerz der Liebe verlorengegangen und keiner weiß, wie lange dieser Schmerz uns gefangen halten wird. Meine Tage entfliehen, als hätte es sie nie gegeben. Mir dämmert, dass wir alle auf der Durchreise sind, uns aber der Illusion hingeben, wir könnten dauerhaft ankommen. Nein, können wir nicht. Das Leben ist eine Aneinanderreihung von Gags aller Art, die sich ständig selbst überholen. Und das Groteske dabei ist, dass der Tod die Abfolge jederzeit zerschneiden kann. Auch das Aufbrechen und Ankommen sind nur Etappen. Wo auch immer wir uns aufhalten und wie sicher wir diesen Aufenthaltsort auch wähnen – wir bleiben Durchreisende. Es gibt kein Halten in dieser Welt. Alles ist nur Zwischenstation. Das weltliche Leben ist wie ein Airport, Bahnhof oder Hafen, in dem sich derbkomische oder tragische Szenen abspielen. Wir hasten hindurch, um den nächsten Flug, Zug oder das nächste Schiff zu erreichen, immer irgendeinen Ort vor Augen, an dem wir ankommen wollen. Doch wozu eigentlich? Ist uns der Zweck unseres Hierseins wirklich klar? Die Erde begehrt gegen das, was wir Fortschritt nennen, schon längst vehement auf, was zu der Frage berechtigt, ob immer schneller, immer mehr, immer höher, immer größer tatsächlich der richtige Weg ist, oder ob es Zeit ist zu entschleunigen, etwas zu ändern? Ich schätze, Mutter Erde fordert uns mit ihren Warnsignalen zu einem Kurswechsel auf. Der sichere Hafen, in den das Schiff dauerhaft einläuft, ist eine Illusion. Wir wurden nicht dafür gemacht, für immer zu bleiben.

Der Sommer, der nicht richtig sommerlich werden will, konfrontiert mich mit neuen Tatsachen. Unsere Tochter und ihr Mann trennen sich, was den Noch-Schwiegersohn dazu veranlasst, nach Hause zu Mama und Papa zu ziehen, die mehr als 70 Kilometer weit entfernt wohnen. Inmitten meiner Trauer um dich sehe ich mich zu neuen Aufgaben gezwungen, nämlich der Betreuung und Miterziehung eines Kleinkindes. „Gut so", sagen die einen, „das lenkt dich ab." Andere wiederum sehen es als Überforderung an, die gerade jetzt nicht gut ist. Ich kann es mir nicht aussuchen, muss es nehmen, wie es ist. Wir heulen gemeinsam. Ich weine um dich, unsere Enkeltochter um ihren Vater, die Spaltung ihrer Eltern. Die Zeit saust, der Sauseschritt wird mühseliger. Gesundheitlich angeschlagen bin ich auch. Mitten in diesem verregneten Sommermonat richte ich exakt an deinem Geburtstag eine große Gedenkfeier für dich aus. Alle müssen im Besitz eines aktuellen Antigentests sein, der negativ ist, sogar die, die bereits zweimal geimpft sind. Deutschland steckt mal wieder im Kontrollwahn. Ob der kleine unsichtbare Feind sich deshalb aufhalten lässt, sei mal dahingestellt. Es wird ein schönes Fest bei herrlichstem Wetter – der einzige Sonnentag zwischen lauter Regentagen. Wie könnte es auch anders sein? Da hast du bestimmt deine Hand im Spiel gehabt. Unser Sohn hat die gleiche Stimmfarbe wie du. Er eröffnet das Fest mit folgenden Worten:

Heute wärst du 75 Jahre alt geworden. Wahrscheinlich hätten wir gut gegessen, viel gelacht, dass eine oder andere Gläschen zu viel getrunken. Luftig, flockig, gut gelaunt, hättest du Späße gemacht und deinen Tag ganz und gar im Hier und Jetzt im Kreis deiner Liebsten genossen. Leider erleben wir deinen Geburtstag ohne dich. Du bist von uns gegangen. Fast zwölf Monate hast du gekämpft, warst stärker denn je, aber die Krankheit siegte. Über 34 Jahre lang warst du ein enger Freund, ein guter Berater, neugieriger Reisebegleiter und in erster Linie ein wunderbarer Vater. Ich bin stolz darauf, dein Sohn zu sein und sehr froh, unvergessliche Momente und Jahre mit dir erlebt zu haben. Unsere gemeinsame Kubareise 2018 war für uns beide ein Highlight. Ich trage dich nicht nur in meinem Herzen, sondern in mir. Dein Geist, dein Wirken und deine Art haben für immer tiefe Spuren hinterlassen. Wir vermissen dich alle sehr, sind aber im festen Glauben daran, dass dieser Weg eben deiner war und du in Frieden gehen konntest. In tiefer, aber schmerzlicher Erinnerung feiern wir heute deinen Geburtstag und nehmen demütig weiter Abschied.

An mir rauscht die Feier mehr oder weniger vorüber. Deine Freunde aber genießen es, tauschen Erinnerungen aus, erzählen Geschichten, in denen du eine Rolle spielst, lachen. Soziale Distanzierung, wie sie nun seit fast eineinhalb Jahren gelebt werden musste, entspricht nicht dem gemeinsinnigen Wesen des

Menschen. Menschen brauchen Menschen. Du bist mitten unter uns, würdest diesen Tag ebenso zelebrieren, dazuhin Regeln außer Kraft setzen. Es fühlt sich richtig an, dass ich diese Feier posthum veranlasst habe. Du würdest das gutheißen. Für mich ist es eher einer Tortur. Doch ich halte viele Stunden lang durch. Als ich es kräftemäßig nicht mehr packe, provoziere ich den Aufbruch, der gerade noch rechtzeitig stattfindet. Denn als er eben im Gange ist, setzt ein heftiges Sturmgebraus ein, das alles hinwegfegt, was noch nicht verstaut wurde oder einen anderen Unterschlupf gefunden hat. Das nachfolgende Gewitter läutet erneut eine regnerische Phase ein. Erschöpft und traurig falle ich ins Bett.

Italien wird Europaweltmeister. Deutschland versinkt im Dauerregen. Eine Überschwemmungskatastrophe nie gekannten Ausmaßes sucht das Ahrtal und andere Regionen heim. Du bist immer bei mir. Ich unterstütze eine behinderte Frau, die durch Überschwemmung alles verloren hat. Das Leben ist so zerbrechlich. Im Chempark in Leverkusen explodiert eine Müllverbrennungsanlage. Menschen werden getötet und eine massive Luftverschmutzung überzieht das Gebiet. Auch die Pandemie wütet weiter, vor allem in der Psyche der Menschen. Wie viel Unheil das Leben produziert. Die Benommenheitsgefühle nehmen wieder zu. Stunden, Tage verschmelzen in meinem Schaumkopf zu einem grauen Einerlei. Ich fühle mich geschafft. Trauer umflort mich. Du fehlst. Der Sommer kehrt zurück, nicht jedoch die Freude. Sie wurde weggeschwemmt – Treibgut, das am Ende auf einer Müllhalde landen wird. Wie konnten wir es nur soweit kommen lassen? Ich versuche deinen Kleiderschrank auszuräumen. Irgendwo habe ich gelesen, das sei wichtig. Schnell merke ich, dass sich Befreiung anders anfühlt und höre damit auf. Deine Kleider bleiben im Schrank. Eine neue Krankheit befällt mich. Ich nenne sie Traueranfälle. Ein Traueranfall ist ein seelischer Schmerz, der einen aus dem Nichts überfällt, so, als ob es einem grundlos ins Kreuz fahren würde, nur dass der Sitz der Seele halt überall und nirgends ist, während man das Kreuz lokalisieren kann. Meist ist dieser Schmerz mit einem Tränenausbruch verbunden, der mich umrührt als sei ich Teig. Enden tut er häufig in einem dumpfen Empfinden, als sei ich unter einer Glasglocke gefangen. Eine Freundin – du kennst sie, sie arbeitet als Heilpraktikerin und Osteopathin – sieht mich und schenkt mir eine Behandlung in ihrer Praxis, damit ich wieder auf die Beine komme, wie sie sagt. Obwohl sie ihr Bestes gibt, dauert es mehr als zwei Stunden, bis ihr Einsatz Wirkung zeigt. Ich falle in einen erschöpften Entspannungszustand, gebe mich nahezu ganz auf. So hat sich mein Körper seit deinem Tod nicht mehr angefühlt. Ich verlasse die Praxis als Wackelpudding. In der Nacht begegnest du mir zum ersten Mal als Toter im Traum. Heulend wache ich auf.

Das darf alles nicht wahr sein. Freud bezeichnete den Tod eines geliebten Menschen als „unsagbares Loch im Realen" und hielt es für abwegig, dass man diese Lücke durch Trauerarbeit schließen kann. Ich leide an Angstzuständen, die ich früher nicht kannte. Aber ich werde mich nicht von ihnen unterkriegen lassen, jedenfalls nehme ich mir das fest vor. Das Alltägliche strukturiert meine Tage in festgelegte Bahnen, denen ich nicht entkommen kann, obwohl ich doch gleichzeitig entgleist bin – nur dass man die Entgleisung weder sieht noch hört noch riecht. Nur wahrnehmen oder nachempfinden könnte man sie, aber das ist ein weites und holpriges Feld, auf dem sich nur wenige Menschen bewegen.

Etwa fünf Wochen vor seinem Tod, sagte mein Mann zu mir: »Das war's!« Ich habe vergessen, was ich antwortete, meine aber im ersten Moment sprachlos gewesen und dann in eine Art inneres Leugnen verfallen zu sein. Für ihn war es jedoch möglicherweise der Augenblick, in dem er sich selbst als tot zu betrachten begann. Sein Verhalten änderte sich danach jedenfalls. Er wurde irrationaler. Und es kümmerte ihn nicht mehr, was andere davon hielten. Ich weiß nicht, wie Mediziner es sehen, aber solange ein Mensch lebt, lebt er. Ganz gleich in welchem Zustand er sich befindet. Erst der Tod ist das Aus, das endgültige Aus. Die Messfühler schweigen. Der Lebensmonitor zeigt nichts mehr an, ist für immer verstummt. Abrupt. Die

Weltgeschichte dieses einzigartigen Menschen ist zu Ende. Es ist eine Endgültigkeit, die wir nicht zu erfassen vermögen. Für die Überlebenden tut sich ein Abgrund auf. Den Tod vor Augen zu haben, bedeutet nämlich keineswegs, der Leere, die er hinterlässt, gewachsen zu sein. Acht Monate nach deinem Verlust bin ich körperlich zwar anwesend, aber gedanklich und emotional befinde ich mich noch immer im Jahr 2020, hänge wie festgeschraubt darin fest, suche die Fehler und finde sie: Die Ärzte hätten viel früher und viel radikaler behandeln sollen. Ich hätte dich stärker beschützen und unterstützen müssen. Du hättest von Anfang an alle Hebel in Bewegung setzen müssen, sogar einen Geistheiler aufsuchen. Wir hätten Tag und Nacht für dich beten müssen. Alles Versäumnisse, durch die wir indirekt deinem Sterben zustimmten. Den schlagenden Beweis sehe ich darin, dass du tot bist, während ich noch lebe. Gleichzeitig ist mir klar, dass ich deinem Sterben nie und nimmer zustimmen konnte und wollte. Ein Dilemma. Gibt es einen Ausweg daraus? Ich erzähle einer Freundin davon. Sie legt mir dringend nahe, Hilfe zu suchen. Meine Nächte sind weiterhin durchwirkt von ewig langen Wachperioden, aber wenigstens habe ich wieder etwas mehr Appetit. Die Sommerolympiade in Japan rauscht an mir vorüber.

Erst im Herbst bin ich in der Lage, meinem Verlust tatsächlich ins Auge zu blicken. Jenseits des Schocks beginne ich zu erahnen, wie tief die Färbung ist, die unser Beieinandersein bewirkte. Begleitet wird dieses erste vorsichtige Hinschauen von heftigen Tränenfluten hinter denen Schreie der Verzweiflung gurgeln. Du bist nicht mehr da. Das Wir, das wir waren, ist in Auflösung begriffen. Ein emotionaler Tsunami. Die Trauer vertieft sich weiter. Bodenlosigkeit. Ich erreiche keinen Grund, an dem ich ankern kann, sondern bin dunklen ozeanischen Tiefen preisgegeben, bin in einem Strudel verfangen, der mich strudeln lässt. Dein Tod gräbt immer neue, tiefere Spuren in mein Leben. Unsere Hündin steht mir treu zur Seite. Ihre Aufgabe als Trauerbegleiterin hat sie höchst eigen gemacht. Sie ignoriert andere Menschen und Hunde zunehmend, will kaum noch etwas wissen, bleibt stets treu an meiner Seite, wird immer stiller. Ich halte mich an die Ratschläge all der klugen Leute, die sich lange vor mir mit dem Thema Trauer beschäftigt haben, kralle mich an dem ordnenden Gerüst von Chris Paul fest – überleben, anpassen, den Gefühlen Raum lassen, einordnen, verbunden bleiben. Das hilft mir, mich immer wieder aus meinem schrecklichen Trauerwirrwarr zu befreien. Wie eine Ertrinkende klammere ich mich daran fest, suche Orientierung. Wenn die Wellen über mir zusammenschlagen, versuche ich standzuhalten, versuche verzweifelt die Perlen zu finden, von denen die Fachkundige spricht. Manchmal gelingt es mir, oft auch nicht. Angestrengt trainiere ich psychische Flexibilität.

115

Eine echte Herausforderung. Die Aufgaben, die ich im Hier und Jetzt zu bewältigen habe, sorgen ebenfalls für Ablenkung, sind aber auch mühevoll, da ich für jeden kleinsten Schritt weitaus mehr Anlauf nehmen muss als früher.

Ich bin mit Sophia, unserer Enkelin, unterwegs zu deinem Grab. Schon auf dem Hinweg erkennt sie, dass wir gerade durch Tübingen fahren und erzählt mir, dass es da eine tolle Eisdiele gibt. Ich schalte auf Durchzug, denn ich weiß, dass meine Tochter, ihre Mutter, den Zuckerkonsum so gering wie möglich halten will. Doch sie lässt mir keine Ruhe. Das Wort Eisdiele und das Drängen auf eine Zusage meinerseits begleitet uns auf dem Weg zu deinem Grab, vor dem Grab und auch auf dem Rückweg vom Grab zum Auto. Wir einigen uns schließlich darauf, dass sie eine Kugel Eis bekommt, sollte sie vom Parkhaus aus ohne meine Hilfe diese Eisdiele finden. Und es gelingt ihr mit gerade mal vier Jahren tatsächlich, das Gebäude, das die Eisdiele beherbergt, ausfindig zu machen. Ich spendiere ihr eine große Kugel Schokoladeneis und blicke in Augen, die vor Glück mit der Sonne um die Wette funkeln. Du hättest über diesen schokoladenverschmierten Kindermund gelacht und Späßchen gemacht. Vermutlich wäre es in deiner Gegenwart nicht bei einer Kugel geblieben. Du warst immer für die ganz große Show, keine halben Sachen.

116

An unserem Hochzeitstag fahre ich so tränenüberströmt zur Arbeit, dass die Straße beinahe wegschwimmt. Zum Glück passen die anderen Autofahrer auf.

So ganz allmählich komme ich in meinem neuen Status an: Witwe. Das ist mehr als nur eine Bezeichnung. Es ist ein Zustand, ein Zustand, in dem dunkle Leere herrscht, die totale Wende. Das Schwarz trage ich in mir, meine Kleidung bleibt bunt. Du hast mir immer meine Farben gelassen. Nun muss ich auch der Welt nichts demonstrieren noch mir selbst die Tragödie ständig vor Augen führen. Das Bunt ist die Leuchtkraft, die ich dem Tod entgegensetze ebenso wie die strahlenden Augen und der eisverschmierte Mund unserer Enkeltochter. Außerdem lebt die Großmutter weiter, die sich auch ohne Großvater, so gut sie kann, behauptet – und die Mutter, die gelegentlich gefragt, aber mit ihrer Traurigkeit manchmal auch bedrückend ist. Angesichts des hohen Alters der Eltern und ihrer Bedürftigkeit darf die Tochter nicht schlappmachen. Schwester und Tante dagegen geraten zur Nebensache. Das Leben hat sich verändert. Nach außen mag das nicht so erscheinen, denn die Kulisse steht ja noch, aber innerlich ist es gewaltig. Es sind hohe Berge, die sich da vor mir auftürmen, jeder nächste Akt kommt mir unüberwindlich vor, obwohl die Dauerbetäubung endlich absinkt. Immer wieder gebe ich mir einen Ruck und noch einen und noch einen. Deine Kleidung verlässt nach und nach das Haus, bis auf die Stücke, die ich nun selbst trage. Auch das himmelblaue Jackett, das du so liebtest, und die dunkelblaue Jacke, die dir so hervorragend stand, kann ich nicht ziehen lassen. Abschiednehmen ist eine Herausforderung, gelingt mir nur bruchstückhaft, aber immerhin. Das Pandemie-Chaos setzt sich fort. Wen wundert es? Wahlkampf beherrscht das Land. Hat je jemand geglaubt, dass Multitasking mehr als Wunschdenken ist? Sophia und ich haben ein neues Lieblingsspiel: Schwarzer Peter, guck da steht er! Du hättest deine helle Freude. Unser Sohn springt fünfmal von einem hohen Turm ins Meer, holt sich eine verstopfte Nase und leidet plötzlich an Schwindelanfällen. Angst macht sich in mir breit. Wie viele Verluste kann ein Mensch ertragen? Der Herbst färbt ungefragt den Sommer ein, die Schatten werden länger. In Berlin kommt es zu einer Ampelkoalition. Wo bist du? Ich frage mich das. Tag und Nacht. Du bist da – ganz nah bei mir – und doch ins Unsichtbare entschwunden.

In Traumschuhen durchqueren wir das Theater
So mancher Blick bleibt bewundernd an uns hängen
Wir treten auf die Straße, gehen weiter
Ich an deiner, du an meiner Seite
Aus den Schaufenstern starren mich schwarze Kostüme an
Eins ist wie das andere
»Kauf es dir doch«, raunst du

Dir fehlt die Kraft, es laut auszusprechen
Der Feuerschlund der Erde brodelt
Es ist Gefahr in Verzug

Wir kaufen Kuchen in einer Bäckerei, die auf dem Weg liegt
Du hast noch Lust auf Kuchen
Ich spüre deinen Schmerz, möchte mich ganz öffnen, mich ganz
geben
Doch als wir den Schutzraum erreichen
Wieso suchen wir ihn auf, frage ich mich
Löst du dich von mir, beschleunigst deinen Gang
Als ob neues Leben in dich einströmen würde
Ich aber fühle, wie schlecht es dir geht
Ehe ich es überhaupt begreife, zerbrichst du im Innern des
Raumes
Stößt dir die Spitze eines zersplitterten Holzes in den Nacken
Mein Schrei polstert deine Wunde
Doch das Blut hört nicht auf zu fließen
Es quillt unablässig hervor
Mit zwei, drei Schritten bin ich bei dir, fange dich gerade noch
auf
Die Hieroglyphen der Unterwelt brennen unter meinen Füßen

Du umarmst mich, ich umarme dich
Du hältst dich an mir und zugleich hältst du mich
Du flüsterst: »Ich liebe dich«
Eine dritte Person, die ich nicht kenne, eilt herbei, schließt sich
der Umklammerung an

In unserer Mitte schlägt dein Herz
Vertrautes und Fremdes finden zueinander
Kurz darauf hört dein Herz einfach auf zu schlagen
Du bist tot
Regenwolken jagen über mir dahin
Der Wind treibt sie vor sich her

Unsere Zeit ist zu Ende
Ich kann es denken, aber nicht fassen
Stumpf setze ich mich in den Wagen der Vergangenheit, düse
los
Ich weiß, was passiert ist, doch ich weigere mich, es zu glauben
Geschützt vor Wind und Regen sitze ich hinterm Steuer und
fahre kreuz und quer
Verirre mich in den Straßen deiner Kindheit, deines Lebens,
unseres Lebens
Nur die Zukunft fehlt
Hat es sie je gegeben?
Die Warnlampe leuchtet, der Sprit geht zur Neige
Statt zu tanken, biege ich um die Ecke, lande mitten in einer
gewaltsamen Geiselnahme
Unser alter Wagen beginnt zu stottern, bleibt schließlich stehen
Feucht vor Furcht und Ratlosigkeit klammere ich mich ans
Lenkrad
Da spiegelt sich das Licht der Ewigkeit in der Autoscheibe
Eine Stimme raunt
Es ist Zeit auszusteigen

Immer noch pilgre ich, so oft es mir möglich ist, zu deinem Grab. Für mich ist es ein Grab, auch wenn manche Menschen das anders sehen. Für sie sind Bestattungen an Bäumen und in Mauern ein Fehler, ein Rückschritt in der Begräbniskultur verbunden mit Namenlosigkeit und Verlust an Ästhetik. Sie beharren darauf, dass es einen konkreten Ort des Gedenkens, Handelns und Trauerns geben müsse, dass die Gräber, so wie wir sie kennen, wichtig seien. Eingelassen in der Erde, aber markiert und geschmückt.

Mauern oder Bäume schirmen Friedehöfe von der Öffentlichkeit ab. Doch in der Regel befinden sie sich dort, wo Menschen leben und arbeiten, also im Kern eines Ortes oder zumindest am Ortsrand. Das war nicht immer so. Im alten Rom lagen Begräbnisstätten weit außerhalb der Wohngebiete – es war verboten Tote innerhalb der Stadtgrenzen zu begraben oder zu verbrennen. Im Gegenzug aber waren sie als gemeinschaftliche Totenstädte mit großer Bedeutung für jedermann weithin sichtbar und wurden auch so betrachtet. Baulich schön gestaltet sind sie bis heute unter der Bezeichnung Nekropole bekannt. Fehlt das Bauliche spricht man von einem Gräberfeld. Die antiken griechischen Friedhöfe lagen ebenfalls zumeist außerhalb der Stadt. Um die Grabstelle, die sich in Familienbesitz befand, zu kennzeichnen, wurden große Steine aufgestellt. Daraus entwickelten sich Grabstelen, die anfangs fast unbehauen nur den Namen der toten Person trugen. Später kamen Ausschmückungen, figürliche Darstellungen dazu. Namen und Zeichen, davon kann man ausgehen, schufen eine Art verbindende Identität zwischen den Lebenden und den Toten.

Bestattungsorte und Bestattungsriten ziehen sich durch alle Kulturen und Zeiten. Ob die buddhistische Himmelsbestattung, bei der der zerteilte Tote den Aasgeiern zum Fraß vorgeworfen wird, die hinduistische Feuerbestattung mit dem Zerstreuen der Asche im Ganges, ob das Einwickeln in ein Tuch, wie es in der islamischen und jüdischen Tradition gepflegt wird oder, wie in Ghana üblich, das Hineinlegen in bunt lackierte und fantasievoll gestaltete Sargmodelle und einzigartige Unikate – immer versucht die Art der Bestattung kulturellen Aspekten des Lebens Ausdruck zu verleihen. Zwischenzeitlich werden Menschen in riesigen Colaflaschen zu Grabe getragen, ihre Asche im Meer oder auf einem Fußballfeld zerstreut oder in einer Minikapsel in den Weltraum geschossen. Auch wer es ein bisschen normaler mag, hat genügend Alternativen: Erdbestattung, Urnenbestattung im Boden, in der Wand, an einem Baum, Seebestattung. Diese Möglichkeiten werfen Fragen auf: Braucht Trauer einen Ort? Und wenn ja, welchen? Und wo ist dieser Ort für einen Menschen, den man liebte, und wie findet man ihn? Welche Bewandtnis hat es damit auf sich? Und was bedeutet es eigentlich, der Trauer Raum zu geben?

Grablegung

Der Ort, an dem die sterblichen Überreste eines geliebten Menschen ruhen, ist ein starkes Band, das uns über den Tod hinaus mit dem Geliebten verbindet. Dieser Ort muss gut gewählt sein, denn er wirkt sich nachhaltig auf uns aus. Dich in einem Wald zu bestatten, war keine einfache Entscheidung für mich. Zunächst bäumte sich in mir etwas vehement dagegen auf. Ich konnte mir nicht vorstellen, dich unter Bäumen zurückzulassen. Dazuhin goss eine Freundin, die ausgebildete Trauerbegleiterin ist, Öl ins Feuer. Ja, sie warnte mich eindringlich vor diesem Schritt. Die Funktion des Grabes sei nicht zu unterschätzen, meinte sie, außerdem sei wissenschaftlich bewiesen, dass Baumbestattungen, was die Trauerverarbeitung betreffe, nicht sehr hilfreich seien. Ich hätte das gerne mit dir besprochen, deine Zustimmung zu einer Baumbestattung noch einmal durchdiskutiert. Doch ein lebendiger Austausch war nicht mehr möglich. Was also tun? So stolperte ich ziemlich unvorbereitet in den Bestattungskosmos. Erst wenn uns der Tod begegnet, und wir diese Begegnung unwiderruflich zulassen müssen, begreifen wir, was das eigentlich bedeutet. Die Zeit, die ich mit deiner Leiche zubrachte, war deshalb sehr wichtig für mich. Da blieb mir gar nichts anderes mehr übrig, als die Endgültigkeit des Todes anzuerkennen. Du warst übrigens beeindruckend schön im Tod, wenn ich das sagen darf. Deine Persönlichkeit war noch deutlich zu erkennen, auch wenn sie sich nicht mehr mitteilte. Man sah dir sowohl die Ästhetik als auch die Entschiedenheit an, mit der du dein Leben gelebt und vollendet hast. »Entscheide«, raunte deine Stimme mir zu. »Und lass dich bloß nicht irritieren.« Stunde um Stunde verharrte ich. Sie fragten mich, was denn nun sei. Da war keine endgültige Antwort in mir, nur Verzweiflung. Aber in unserer Welt tickt die Zeit. Während du den Stillstand erduldest und ich mit dir, dreht sich das Rad des Lebens immer weiter und weiter. Und es gibt keine Gnade, keinen Raum, keine Zeit, in der man dieses Rattern aufhalten kann. Von mir wurde eine Entscheidung verlangt. So ist das. Die vorgegebenen Schneisen lauern überall. Lange bevor der Weg uns findet, müssen wir oft einen einschlagen, ob es uns nun gefällt oder nicht. Das sind die Regeln, an die wir uns zu halten haben, wenn wir nicht im Chaos versinken wollen. Und sie hat es immer so verdammt eilig, diese Welt. Also wählte ich wie in Trance die Vorgehensweise, stimmte den Terminen zu, gab deine Leiche für das gewählte Prozedere frei, erteilte mein Einverständnis zu der biologisch abbaubaren Urne, die für diesen Bestattungswald Pflicht ist. Und doch ließ es mir keine Ruhe. Dem Grauenhaften einen Ablauf zu geben, heißt noch lange nicht, damit fertigzuwerden. Die Frage, wohin und ob dieses Dahin richtig ist, hörte nicht auf, mich zu bewegen, trieb mich auf den Friedhof in unserer Gemeinde. Wäre das was für dich, fragte ich mich und ließ den Ort geraume Zeit auf mich wirken. Er liegt schön, unser Dorffriedhof. Schutz bietet er allerdings keinen. Dauernd laufen irgendwelche Leute vorbei, deren Blicke problemlos über die halbhohen Mauern reichen und einen streifen. Gleichzeitig wurde unser Hund, den ich am Törchen angeleint hatte, unruhig, weil just zu diesem Zeitpunkt andere Artgenossen vorbeitrabten und ihn anknurrten. Das löste auch bei mir Unruhe aus. Mir fiel auf, wie viele Fenster der umliegenden Häuser auf diesen Garten des Todes starrten. Dabei wollte ich alleine sein, mit dir reden, mich ausheulen. Also nichts wie weg. Mit einem Mal wusste ich es ganz genau: Diese kleine überschaubare Welt ist nichts für dich und mich. Du liebtest es, in die Ferne zu schweifen, warst ein Weltenbürger, kein Dörfler. Die Gemeinde selbst war immer nur Wohnort für dich, keine in Stein gemeißelte Heimat. Außerdem würdest du wollen, dass deine Liebe zu unserem Hund auch im Tod einen Ausdruck findet. Er soll an deinem Grab sitzen und Stöcke nagen dürfen. Ich fuhr in den Wald. Die Bäume ragten dunkel in den Himmel, standen still und schweigend. Flankiert von unserem Hund betrat ich den Wald, durchstreifte ihn. Wieder und wieder. Ich begegnete Schneemännern, sah buntes Spielzeug an Bäumen hängen, stieß mitten auf dem Weg auf eine Packung mit Papiertaschentüchern, auf der zu lesen stand, *sei du selbst, das kannst du am besten*. Etwas klingelte in mir. Du warst immer du selbst. Nichts und niemand konnte dich jemals davon abhalten weder im Guten noch im Schlechten. Du warst autark. Jeder, der dich traf, merkte das auf Anhieb. Du warst der Inbegriff der Autonomie, hattest eine geschlossene Aura. Bestimmt gehörst du auch im Tod nur dir und rufst mir lautlos zu. *Mach nicht so ein Geschiss!* Ich hielt still, ging in mich.

Hinterbliebene neigen dazu, Botschaften in Dingen zu sehen, denen sie zu anderen Zeiten kein Gewicht beigemessen hätten. Die Omina gewinnen an Bedeutung. Ich erinnere mich, dass in den Tagen nach deinem Tod ein Rabe direkt vor meinem Auto über die Straße flog. Ich musste sofort an die Vogelschar vor deinem Fenster denken, die ich wenige Minuten vor deinem Ende auftauchen sah. Also suchte ich lange und intensiv nach einem schönen Baum an einer zentral- und gleichzeitig ruhiggelegenen Stelle, denn so hättest du es gemocht. Ich fand drei, zeigte sie den Kindern und erhielt ihre Zustimmung für den einen, auf den ich gehofft hatte. Es ist eine junge Buche von gutem Wuchs und idealem Standort, wie der Waldförster mit einem anerkennenden Seitenblick erklärte, als wir ihm unsere Wahl mitteilten. Während wir auf den endgültigen Abschied zusteuerten, schreite ich mit dir durch Santa Clara, sehe das Blau des Himmels, spüre den Wind, erhasche dein Lächeln. Ich wohne wieder mit dir bei Angel im Hostal Florida, alles voller Antiquitäten, wir sitzen im großen Innengarten, genießen das hervorragend Essen und unser Zusammensein. Fröhlich umrunden wir das Che Guevara Monument, verzichten wegen des Andrangs übereinstimmend darauf, das Museum zu besuchen, das zugleich ein Mausoleum ist. Für mehr als vier Wochen waren wir 2019 auf Kuba. Eine unglaubliche Reise voller Abenteuer und Begegnungen. Verbundenheit mit dir bedeutet zwei Länder in dieser Welt zu goutieren und zu wertschätzen: Italien und Kuba. Du liebtest diese beiden Länder, weil sie dich widerspiegelten, und ich liebe sie mit dir. Diese Entrückungen kommen nun manchmal vor. Ohne es zu wollen, befinde ich mich plötzlich an Orten und in Szenerien, die ich mit dir besuchte und erlebte. Was für ein Glück, dass ich vor vielen Jahren

Joan Didions wunderbares Buch „Das Jahr des magischen Denkens" gelesen habe, sonst müsste ich jetzt annehmen, verrückt geworden zu sein. So aber sehe ich das gleichmütiger. Ich bin kein Einzelfall. Wenn wir die Umstände im Außen nicht mehr ertragen können, dürfen, ja, müssen wir uns erlauben, entrückt zu werden. Diese Einrichtung wurde offenbar vorsorglich in uns eingebaut. Und wenn wir wieder ganz im Hier und Jetzt sind, ist uns der wahre Wert schöner Momente restlos klar. Ach könnte ich dir doch noch einmal sagen, wie herrlich ich unser gemeinsames Leben oft fand und wie sehr ich dich liebte.

Ein Grab ist wie ein Punkt, der den letzten Satz des Lebens bekräftigt. Ich habe Bäume immer geliebt. Du hättest gewollt, dass ich und unser Hund unter Bäumen von dir Abschied nehmen. Und der Wald, so viel steht fest, ist ein ausgezeichneter Trauerort für mich. Abgeschirmt von den Augen der Öffentlichkeit kann ich hier meinen Tränen freien Lauf lassen. Rasch ist aber auch klar, dass ich auf rituelle Grabhandlungen angewiesen bin. Jedes Mal, wenn ich die Stelle besuche, an der deine Urne in die Erde hinabgelassen wurde, markiere ich die Stelle mit irgendetwas. Denn obwohl ich Bäume als einen der größten Trostspender schlechthin empfinde, genügen sie mir nicht, um meine Trauer zu bewältigen. Ich muss wissen, dass da etwas von dir ist, auch wenn dein Geist längst über den Wassern schwebt. Nach wenigen Wochen sieht der

Platz aus wie ein Grab, nur dass auf diesem Grab keine Blumen blühen, sondern Moose und Flechten. Ich umkränze sie mit Hölzern, Steinen und leeren Schneckenhäusern. Irgendetwas finde ich immer, das mich mit dir verbindet. Monatelang geht das gut, vermutlich weil es sich um eine verschwiegene Ecke handelt, die gut vor fremden Augen geschützt ist und bislang nicht ins Blickfeld der Betreiber geriet. Dann komme ich eines Tages hin und sehe, dass jemand alles mit Laub bedeckt hat, Teile des Sammelsuriums sogar ganz verschwunden sind. Ein anderes Mal sieht es drumherum aus wie auf einem Schlachtfeld. Das trifft mich härter als gedacht. Verzweiflung keimt in mir auf. Ich beginne mich nach einer Stelle zu sehnen, die wirklich dir gehört, an der ich tun und lassen kann, was ich möchte. Rituelle Grabhandlungen scheinen wichtiger zu sein, als mir bewusst war. Doch die Verantwortlichen des Bestattungswaldes machen deutlich, dass es keine Grabstellen gibt und auch nicht geben soll. Marker sind nicht erlaubt. Ebenso wenig kümmert die Tiere das Menschengetue. Der Wald bleibt immer Wald, ganz gleich wie viele Tote er beherbergt. Das hat Auswirkungen auf meine Gefühle, ist wie eine Störung, die den Trauerprozess beeinträchtigt. Selbst wenn sich nichts und niemand an deiner Grabstelle zu schaffen macht, sehne ich mich manchmal nach der blühenden, farbenfrohen Freude, die von Blumen ausgeht. Dann erscheint mir das Laub, das so unverwüstlich den

Boden bedeckt, ernüchternd ärmlich. Auch der weite Weg, manchmal verbunden mit Staus, das Entlegene des Waldstücks verlieren an Charme. Dich so weit entfernt von mir zu wissen, ist nicht immer leicht, vertieft oft meine Schwermut. Habe ich den kommunalen Friedhof zu früh geächtet? Wäre er die bessere Wahl gewesen? Ist er auf lange Sicht tröstlicher, weil die Wirklichkeit des Todes dort eine Ordnung erhält, weil die Abläufe festgelegt sind und die Rituale verbindlich? Der große Erdhügel, der sich langsam absenkt, das Abräumen der Kränze und Gestecke, das Bepflanzen entsprechend der Jahreszeiten, das Setzen des Grabsteins – eine Aneinanderreihung, der wir Menschen regelhaft folgen und die uns Halt gibt. Gewiss, der Zwang zur Grabpflege kann vor allem in einer kleinen Gemeinde, wo jegliche Vernachlässigung oft minutiös registriert wird und häufig Empörung auslöst, als Belastung empfunden werden, aber dafür ist man in einen kulturell verbindlichen Kontext eingebettet, den jeder nachvollziehen kann. Doch dann denke ich an die eng gefasste Friedhofswelt und weiß, dass das weder deins noch meins ist. Du wolltest hinaus in die Welt, wolltest bei aller Sehnsucht nach Geborgenheit frei und uneingeschränkt leben. Wo sich Grab an Grab reiht, Zeiten und Regeln festgelegt sind und so manches Argusauge über die Einhaltung wacht, sind du und ich nicht beheimatet. Auf dem klassischen Friedhof wird der Tod festeingepackt und es wird ihm ein Platz zugewiesen.

Er ist die letzte Einordnung nach den Regeln der Gesellschaft. Dabei ist der Anspruch auf ein Grab nur die Illusion auf ein weiteres Stück Leben, ein letzter Anspruch auf Besitz.

Ich erinnere mich an die schmerzliche Klage einer Mutter, die der Aufhebung des Grabes ihres Kindes zustimmen musste, weil die Gemeinde nicht bereit war, die Stelle noch weiter zu verlängern. Ein Rebell gehört aber nicht der Gesellschaft. Er ist im Wald besser aufgehoben. Du bist nun ein Robin Hood, Markus! Autark und frei. Wir haben, so glaube ich, den richtigen Platz für dich gewählt. Und was mich betrifft – Bäume spenden Trost und Frieden. Sie hüllen einen ein. Ganz langsam vergrößert sich auch mein Radius in diesem Wald. Vielleicht vergrößert er sich eines Tages soweit, dass ich sogar aus ihm herausspazieren kann. Diese immer weitere Ausdehnung kann kein herkömmlicher Friedhof bieten. Weder sind dort Ruhe und Frieden garantiert, ich wurde schon Zeugin von Ausgrenzung und Streitereien, noch erlaubt er einem trauerzuwandern. Ein Auf- und Abgehen dort käme eher einer Neurose gleich. Auch Schändung und Raub muss man heutzutage billigend in Kauf nehmen. Viele Friedhöfe werden im Frühjahr und Frühsommer systematisch abgeräumt. Die mit Liebe ausgesuchten Pflanzen schmücken dann fremde Balkone und Gärten. Die letzte Ruhe – sie ist nicht leicht zu finden.

Es dunkelt

Die Ränder des Tages dunkeln rascher. Ich muss wegen größerer Hautprobleme nun regelmäßig einen Hautarzt konsultieren. Und mein Herz ist aus dem Takt. Immer wieder schlägt es viel zu schnell, überschlägt sich fast in dem Versuch nicht aufzugeben. Fast unmerklich wandelt sich der Schock über deinen Tod, verliert seine körperliche Vehemenz, aber es ist ein merkwürdiger Wandel, so als ob alles immer weiter eine Etage tiefer rutschen würde. Das macht es nicht leichter. Es gibt immer noch Tage, an denen mein Kopf wie weggebeamt ist, ohne dass ich etwas dagegen tun kann, doch ich sitze nicht mehr so oft unter der Glasglocke, kann wieder klarer denken. Dafür plagen mich jetzt Angstzustände, die ich bislang nicht kannte, und ich fühle mich niedergeschlagener denn je. Es ist wie ein Würgegriff, aus dem es kein Entrinnen gibt. Du fehlst. Ein Gefühl von Verlorenheit macht sich in mir breit, obwohl ich doch eine geliebte Mutter und aktive Omi bin. Einsame Abende werden zur Normalität. Steile Wellen türmen sich immer wieder über mir auf. Es kostet viel Kraft, sich nicht von ihnen wegreißen zu lassen, sondern sie zu durchtauchen. Ich versuche, die Orientierung zu bewahren, was schwierig ist so ohne dich. Die Taliban übernehmen die Macht in Afghanistan. Der Westen ist angesichts der Ereignisse unvorbereitet und hilflos. Das betrübt mich zusätzlich. Ergibt eigentlich irgendetwas wirklich Sinn? Immer wieder glauben Menschen an das Recht des Stärkeren oder dass ihnen mehr Rechte zustünden als anderen. Immer wieder versuchen Menschen Ordnung zu schaffen, und dabei entsteht noch größeres Chaos als zuvor. Was für eine Welt! Die Pandemie nimmt kein Ende, und die Linie der Politik ist unklar und aufreibend. Ein Riss geht durch die Bevölkerung. Impfunwillige sehen ihr Recht auf körperliche Unversehrtheit in Gefahr und fürchten um die Freiheit, was sie erbittert auf die Straße treibt. Impfbefürworter hingegen geben den Impfgegnern die Schuld für die anhaltenden Freiheitsbeschränkungen und für das Anhalten der Pandemie. Und das Drama nimmt kein Ende. Die Angst, ganz gleich aus welcher Ecke sie kommt und wie auch immer sie begründet wird, frisst sich immer weiter in die Gemüter, bricht sich auf verschiedenste Art und Weise Bahn. Die Positionen verschärfen sich, ohne dass die geringste Annäherung gelingt. Politik und Gesellschaft befinden sich im Ausnahmezustand, und alles gerät zu einem großen Versagen. Dabei steht viel mehr auf dem Spiel, aber keiner will's wahrhaben. Beide Seiten opfern die Freiheit auf dem Altar der Rechthaberei und Spalterei. »Framing« wird zum Schlagwort. »Frames« sind die Deutungsrahmen, die sich mit dem Spracherwerb in unserem Gehirn bilden. Mit dem Wort *Impfgegner* beispielsweise ist der Deutungsrahmen *impfen* und *Gegner* verknüpft. Wird dieser Deutungsrahmen durch Sprache und bildsprachliche Informationen andauernd aktiviert, wie es in den Medien tagtäglich der Fall ist, wirkt er sich nachhaltig aus. Dabei muss ein Impfunwilliger oder jemand der zögert, sich impfen zu lassen, noch lange kein Impfgegner sein. Framing ist allgegenwärtig und ein beeinflussender Verstärker, dem wir uns kaum entziehen können. Was von allen Seiten auf uns einprasselt, beeinflusst uns, ob wir das wollen oder nicht. Frames sind oft alles andere als neutral, denn sie kurbeln unseren kognitiven Deutungsrahmen an und schaffen damit Bewertungen und Interpretationen, die Sache an sich tritt in den Hintergrund, was problematisch ist.

Die Schatten werden länger und länger. Ich versuche Lichtzipfel zu erhaschen und gehe mit einer Trauergruppe wandern. Unsere Todesgeschichten begegnen einander wie Unglücke, die sich nicht gesucht und doch gefunden haben. Ich fühle mich fremd unter diesen Gesichtern und Geschichten, obwohl sie gleichzeitig seltsam vertraut erscheinen. Trost finde ich keinen. Denn es sind Geschichten, die ich nicht freiwillig schreiben oder wählen würde. Warum also? Ich höre dich leise lachen. Dein Sinnbild war das Glück. *Da geht es lang,* sagst du und zeigst nach vorn. Aber was ist da? Ich kann nichts erkennen, sehe nur Leere. Und dann blitzt ein Gedanke in mir auf: **Leere ist kein Vakuum, sondern eine Folge von Raum und Zeit, die noch nicht mit Leben erfüllt wurde. Leere ist eine Chance, denn sie enthält all das, was noch auf uns wartet, was noch manifestiert werden will. Wir können Leere als Aufforderung, als Belebung verstehen.** Das erfrischt mich, aber nur kurz, dann falle ich wieder in mir zusammen. Aus meinen Augen strömen Sturzbäche. Du würdest diesen trüben Tag nicht vermissen, würdest dennoch deine Runden mit unserem Hund drehen, Schwätzchen mit deiner Freundin Stefanie halten und das Leben zelebrieren. Höchstwahrscheinlich würdest du Fischer im Netz spielen und mit einigen Leuten chatten. Wir würden Green Curry essen und uns auf einen gemütlichen Abend freuen. Vielleicht würden wir auch mal wieder ins Kino gehen und diese ganze Pandemie-Kacke, der so jegliche echte Bewältigungsstrategie fehlt, vergessen. Stell dir vor – ich peile zum ersten Mal in meinem Leben eine Psychotherapie an, obwohl ich mich gut an deine Worte erinnere, dass man sich nicht von anderen Leuten sein Leben erklären lassen soll. Aber ich schaffe es nicht allein, brauche jemand, mit dem ich sprechen kann, dein Verlust wiegt zu schwer. *Du versuchst doch bloß Erklärungen zu finden, wo es keine gibt,* höre ich dich sagen. Ja, vielleicht hast du recht. Der Tod ist und bleibt ein Mysterium, da sollte man sich nichts vormachen. Der Tod ist mehr, als man begreift. Vielleicht ist es gut, dass ich unsere Enkelin so viel betreuen muss, sonst würde ich mich noch viel mehr im großen Trauermeer verlieren, würde angesichts der Brandungswellen oder der Weite des Meeres der Panik anheimfallen. Stell dir vor – man kann jetzt schon Schwarzer Peter mit ihr spielen. Das ist ein Riesenspaß. Die kleinen Freuden tun mir gut. Aufbauen können sie mich allerdings nicht. Die Wellen sind zu überwältigend. Du fehlst. Die Einfahrt sieht grauenhaft aus. Und der Garten ist vernachlässigt. Ich fühle mich so verloren und müde, habe keine Energie für all das. Allein wird mir alles zur Pflicht, allein kann ich keine Kür laufen. Sie wurde mit dir begraben.

Die letztliche Realität des Todes setzt sehr plötzlich ein, nämlich mit dem letzten Atemzug. Als Angehöriger kann man sich nicht wirklich darauf vorbereiten. Jedenfalls konnte ich es nicht. Solange du geatmet hast, warst du trotz deiner Kraftlosigkeit und deines inneren Rückzugs für mich präsent und lebendig. Mit deinem letzten Atemhauch tratst du über eine Schwelle, die dich unwiderruflich von mir trennte. Es ist, als ginge ein Schnitt von ungeheurer Schärfe mitten durchs Leben. Mir ist nun klar, warum der Tod in früheren Zeiten Schnitter genannt und mit einer Sense dargestellt wurde. Die Welt zerfällt schlagartig in ein Diesseits und in ein Jenseits. Wir kennen diese Begriffe, gehen hin und wieder sogar recht sorglos mit ihnen um, ihre Ungeheuerlichkeit wird uns jedoch erst bewusst, wenn ein geliebter Mensch stirbt. Der Tod löscht aus. Und indem er das tut, lösen sich auch die Spuren, die wir hinterlassen, aus ihrem Sinnzusammenhang. Das wirkt sich auf das Leben der Zurückbleibenden und den damit verbundenen Daseinssinn aus, stärker als wir uns vorstellen können. Nichts wird jemals wieder so sein, wie es einmal war. Von nun an wird es immer ein Vorher und ein Nachher geben und dieses Jenseits, das sein dunkles Geheimnis nicht preisgibt, so sehr wir uns das auch wünschen würden oder zurechtlegen. „Opium des Volkes", nanntest du das Vertrösten auf später, die Jenseitsverheißungen der Religionen, das ewige Leben, die versprochenen Jungfrauen, den Glauben an die Wiedergeburt und vieles mehr. Du hast nie die Vergänglichkeit beklagt oder gar Trost in der Religion gesucht. Ganz im Gegenteil, du hast „den kurzen Lichtstrahl zwischen zwei Ewigkeiten des Dunkels", wie der russische Schriftsteller Vladimir Nabokov es nennt, immer gefeiert und belacht. Das Unvermeidliche war für dich etwas, das dazugehört. Hauptsache, die Stippvisite war lustig und es wurde kräftig gelacht. Slapstick im Angesicht des Todes könnte man es nennen. Dass du dein existenzielles Unbehagen für dich behieltest, wohingegen ich darüber eher in Trübsinn verfallen konnte, gehörte zu unserer Geschichte als Paar. Der Wurm, der in dieser Gegensätzlichkeit steckte, sorgte manchmal für Vergnügen, öfter aber für Verstimmungen, die nirgendwohin führten. Es liegt eine große Tragik darin, dass wir Menschen uns an Banalitäten aufhalten wie Stümper, die freiwillig Totenscheine ausstellen, anstatt die Liebe in jedem Augenblick zu feiern oder das, was ihr im Weg steht, achtsam und respektvoll zu klären. Wie schwer fällt es uns oft, der Besonderheit unseres Gegenübers Raum zu geben. Als du tot warst, fiel es mir wie Schuppen von den Augen, wie kleinlich ich oft war, und ich bereute es tief. Nun würde ich diese Versäumnisse nie wieder gutmachen können. Du nahmst die Vollendung unserer Beziehung mit dir, ließest das Unvollendete hier, und es ist nun an mir, damit fertigzuwerden. Der Tod führt uns die vielen kleinen Tode, die man bereits während des Lebens stirbt oder deren Mitverursacher man ist, unbarmherzig vor Augen. Ja, durch den Tod eines geliebten Menschen gewinnen sie erst so richtig Aufwind. Denn die kleinen Tode verschmelzen mit dem großen Tod und machen ihn noch ungeheuerlicher, als er es sowieso schon ist. Plötzlich

138

lässt sich die unterschwellige Angst, die tief in unseren Eingeweiden als Vorahnung haust, nicht länger leugnen oder verdrängen. Schlagartig wird einem klar, dass nichts, aber auch rein gar nichts selbstverständlich und schon gar nicht von Dauer ist. Dir wird klar: Versäumtes lässt sich nicht nachholen, Aufgeschobenes nicht einholen. Das ist eine verdammt knifflige Sache, die Schuld und Scham auf den Plan ruft. Wie oft hast du mich angemahnt, schöne Augenblicke mit dir ganz und gar zu genießen, mich fallenzulassen. Ich aber hatte zu viele andere Dinge im Kopf oder war in meiner Ungeduld schon wieder ganz woanders. Ich war eher ein Human Doing als ein Human Being. Ich hätte liebevoller, überschwänglicher sein können und tat es nicht. Ich hätte meine Gefühle ehrlicher zum Ausdruck bringen können und tat es nicht. Ich hätte Arbeit liegenlassen können, um mehr Zeit mit dir zu verbringen und tat es nicht. Anstatt mich nach noch mehr Glück zu sehnen, hätte ich mich ganz und gar für das Glück des Augenblicks entscheiden können und tat es nicht. Ich sehe nun klarer, und das tut weh, denn das Unerfüllte schmerzt stärker als das Erfüllte. Zusätzlich brechen alte Wunden auf. Wen wundert's? Du warst meine Bastion. Deine Ich-Stärke hat mich geschützt und abgeschirmt. Nun da du fort bist, stehe ich nackt und bloß da. Verletzungen aus meiner Kindheit zeigen sich, brennen und stechen, und ich habe keinen Plan, wie ich sie heilen kann. Denn mein verletztes Kind trägt zwar ein neues Kleid, leckt aber heftiger denn je seine Wunden, und der große Rechenmeister in mir klatscht Beifall und pflegt seine Bilanzen, als ob es um sein Leben ginge. Es ist so kleinkariert, unfair und unreif von mir – ich weiß, und doch ist es die Wahrheit meines Empfindens. Man könnte sagen, dass meiner Psyche Amor fehlt, denn Amor ist gestorben. Man könnte auch sagen, dass ich noch immer fassungslos bin. Du warst nicht nur ein Teil von mir, der nun abgetrennt ist, du warst die Insel, auf die ich mich zurückziehen konnte, der Fels, an den ich mich lehnte, wenn die Welt mich zu sehr zum Erbeben brachte. Fing der kleine Teufel in mir das Toben an, dann hast du mich bestimmt, aber liebevoll zur Besinnung gerufen und mir bewusstgemacht, worauf es wirklich ankommt. Du warst so unglaublich wichtig für mich. Wie konnte ich dich bloß jemals auch nur einen Augenblick lang für selbstverständlich halten? Die existenzielle Spannung, die Leben und Tod in uns heraufbeschwören, wirft zudem die Frage auf, ob es angesichts der Flüchtigkeit sowohl allen Seins als auch der Materie und des Universums, überhaupt einen Sinn gibt oder ob wir uns jeglichen Sinn nur einbilden.

Unterstützung

»Anpassungsstörung« nennt es die Psychotherapeutin und befürwortet eine Kurzzeittherapie. Und es ist so – ich habe mein Leben nicht mehr richtig im Griff, ganz im Gegenteil – es droht mir mehr und mehr zu entgleiten. Es ist wie ein Vakuum, sehr schwer auszuhalten, aber will es jemand aufbrechen, werde ich wütend, mag mein Gegenüber auch noch so freundlich sein. Besonders wütend bin ich auf meine Eltern. Sie stoßen mich ab. Ich weiß, dass es abscheulich ist, dass ich so empfinde, aber es ist so und belügen will ich mich auch nicht, obwohl du das stets geraten hast: »Wer will schon immer die Wahrheit hören?« Ich aber will die Tasche leeren und nicht noch mehr hineinstopfen. Denn ich spüre sehr deutlich, dass ich sonst aus den

Latschen kippe. Meine Emotionen fahren Achterbahn, dabei hasse ich Achterbahnfahrten. Mehr und mehr treibe ich auf hoher See, meine Tränen haben mich hineingespült, verliere die Orientierung. Angstzustände, die mir bislang fremd waren, fangen an sich in mir auszudehnen, wachsen sich zu Horrorszenarien aus. Nachts wache ich oft zutiefst beunruhigt auf. Krampfhaft halte ich mich an ein paar Holzbalken fest. Aber es ist nur noch eine Frage der Zeit, bis es mich wegspült. Du warst meine Insel, auf die ich mich zurückziehen und wo ich mich ausruhen konnte. Wenn es zu arg in mir rumorte, hast du mich gehalten. Du warst mein Ausscheren aus nahezu allem, was mir zuwider war oder mich aus der Fassung brachte. Nun muss ich lernen, selbst damit fertigzuwerden. Dabei habe ich das Gefühl auf einem Scherbenhaufen zu stehen. Auf einer der ganz besonders großen Scherben blitzt das Gesicht meiner Mutter auf. Mit einem breiten Lachen beobachtet sie durch eine Fensterscheibe ihres Hauses, wie ich das Gartentor öffne. Ich kann mich nicht erinnern, an keinen Moment in meinem Leben, an dem sie jemals so zuckersüß war wie gerade jetzt. Sie trieft vor Freundlichkeit, Überschwang und Dankbarkeit. Zu jedem anderen Zeitpunkt meines Lebens hätte mich das wahrscheinlich angenehm überrascht. Jetzt empfinde ich es bizarr und äußerst befremdlich. Ich habe kürzlich mit einem Freund von dir telefoniert, der schon seit vielen Jahrzehnten der

Lehre Buddhas folgt und viele hochkarätige Meister kennt. Er meint, es läge daran, dass das Bewusstsein meiner Eltern mir völlig fremd sei, dass sie zwar rein körperlich hier auf Erden noch meine Eltern wären, aber geistig ganz woanders. Er hat an mich appelliert Mitgefühl und Verständnis walten zu lassen, vor allem auch aufgrund ihres Alters. Das hat mich irgendwie erreicht und wieder etwas ins Lot gebracht. Trotzdem ist es eine Herausforderung für mich. Gestern bin ich bei einem Telefonat nur wegen einer kleinen Bemerkung völlig ausgeflippt. Der Mensch am anderen Ende der Leitung hat äußerst verständnisvoll darauf reagiert, mir später noch eine E-Mail geschrieben, dass er von Herzen hoffe, dass es mir bald wieder besser gehe. Ich habe keine Ahnung, ob es mir je wieder bessergeht. Du hast meine Eltern stets liebevoll und mit Respekt behandelt. Nur sehr selten, wenn es dir zu viel wurde, hast du sie in ihre Schranken verwiesen. Aber du hattest auch keine emotionale Bindung an sie – zumal es ihnen nie wirklich gelang, dich für sich zu gewinnen. Für mich liegt die Sache völlig anders. Ich bin auf der einen Seite involvierter und auf der anderen introvertierter. Hinzukommt, dass ich sehr ambivalent bin. Einerseits bedaure ich, ihnen gegenüber keinen positiveren Gefühlen fähig zu sein, da ich mental durchaus nachvollziehen kann, dass die Kriegsgeneration ein Päckchen zu tragen hat, welches wir nicht völlig ermessen können, andererseits treibt mich das daraus resultierende Verhalten immer wieder an meine emotionalen Grenzen. Mein moralisches Dilemma ist groß. Würde ich mich nicht so vielen Aufgaben verpflichtet fühlen, würde ich womöglich wegziehen oder mir eine lange Auszeit nehmen. Abstand gewinnen tut gut. Aber das würde unsere Kinder traurig stimmen und meine Schwester möglicherweise zur Weißglut treiben. Du siehst – ich stecke fest. Es ist die Zeit der langen Schatten. Doch statt zu weichen, werden sie größer und kennen nur das Woher, aber kein Wohin.

Die Zeit verstreicht. Die Trauer um dich erreicht einen neuen Höhenpunkt. Ich versuche ihm auf meine Art zu begegnen, kehre hier in der Region in neue Landschaften ein, lasse mich von ihnen beherbergen. Du weißt – ich liebe Landschaften. Die Liebe zu einer Landschaft oder einem Ort ist bedeutsam, wie die renommierte Historikerin Dr. Roberta Rio mit ihren Forschungen nahelegt. Topophilia-Effekt nennt sie das Phänomen. Es ist ein Begriff, der für die Wirkungen steht, die Orte auf uns haben können, auf unsere Beziehungen, auf unseren Erfolg, auf unsere Gesundheit. Als der Mensch, der wir sind, treten wir in eine Wechselbeziehung mit Gebäuden, Orten und Regionen. Sie erzählen uns ihre ganz eigenen Geschichten, die sich bewusst oder unbewusst mit uns verknüpfen. Einsame Gänge mit unserem Hund in einer ruhigen Umgebung, bei denen ich Rotz und Wasser heule, gereichen mir zum Trost, obwohl ich auf einer Ebene, die tiefer liegt, als irgendein Ankertau reicht, untröstlich bin. Dabei helfen mir die Einsichten der Autorin und Buddhistin Pema Chödrön, die empfiehlt ein- und auszuatmen, bis es uns gelingt, zum offenen, zulassenden Gewahrsein zurückzukehren, über die schlimmsten Klippen hinweg. **Wer Schmerz wirklich heilen will, muss ihn annehmen und durchatmen, bis er seine Härte verliert.** Noch bin ich von dauerhafter Heilung weit entfernt. Noch verteidige ich die Vergangenheit, als hinge mein Leben davon ab. Manchmal lassen die Tränenfluten nach, um dann nur noch vehementer zurückzukehren. Gute Freundinnen locken mich aus meiner Isolation, lotsen mich nach Lissabon. Die Stadt am Tejo verwöhnt uns im Spätherbst mit Sonne und strahlend blauem Himmel. Erinnerungen lodern auf. Ich sehe mich mit dir und den Kindern durch die Gassen schlendern. Was haben wir hier für wunderbare Zeiten verbracht. Eine schlimme Erkältung raubt mir die Stimme. Wen kümmert es? Im Flughafengebäude stehen dichtgedrängt Massen von Menschen. Nur die Masken, die beliebig rauf- und runtergeschoben werden, erinnern noch an die Pandemie in Lissabon. In Deutschland hingegen läuft sie aus dem Ruder. Plötzlich ist von Impfpflicht die Rede.

Ich bin zurück, tauche zeitverschlungen in ein früheres Leben ein. Manchmal katapultiert es mich einfach irgendwohin, so als ob ich weggebeamt würde. Wir sind wieder zusammen, fahren in einem öffentlichen Bus an der Grenze zu Myanmar entlang. Plötzlich hält er an. Schwer bewaffnete Männer stürmen herein und richten ihre Maschinengewehre auf uns und auf die Hühner, Vögel und das andere Getier, das in diesem Bus mitfährt. Riesenunruhe entsteht. Spannung macht sich breit. Einer der Männer brüllt in einer unverständlichen Sprache etwas durch den Bus. Mit einem Mal wird es ganz still. Nur noch das leise Gackern der Hühner ist zu hören. Der Bus fährt weiter mit diesen Männern an Bord, die uns in Schachhalten. Du sagst kein Wort. Doch die Intensität deines Blicks wirft mich beinahe vom Sitz. Am liebsten würde ich aus dem Bus springen. Es kostet mich enorme Willenskraft, sitzenzubleiben. Mir ist klar, was du mir wortlos, aber unmissverständlich zu verstehen gibst: *Du wolltest unbedingt in diesen Bus einsteigen, du bist schuld, wenn wir nun umkommen. Wie konntest du uns nur in eine solche Situation bringen?* Wenn Blicke töten könnten, würde ich auf der Stelle tot umfallen. Ja, ich verstehe. Wir sind noch jung – das ganze Leben liegt noch vor uns. Der schweigsam-melancholische Typ hat Besitz von dir ergriffen.

Es dauerte lange, bis du dich mit meiner Art des Reisens angefreundet hast, vielleicht hast du das ja auch nie wirklich, sondern hast dich nur arrangiert. Wer weiß das schon? Als du feststelltest, dass es letztlich gutausgeht, wuchs auch dein Vertrauen. Wir erlebten

146

große gemeinsame Momente, hatten herrliche Erlebnisse. In Sukhothai kriegtest du beispielsweise einen Lachanfall vor Vergnügen, weil unser Zimmer mit dem Schild „Mr. Stecher und Party" bestückt war. Dabei hattest du gar keine Asiatin im Gepäck, sondern deine langjährige Ehefrau, durchaus attraktiv, aber schon in die Jahre gekommen. Die Hoffnung auf die „Party" blieb dennoch bestehen. Die weiblichen Thaiangestellten flirteten hemmungslos mit dir und haben ständig darauf gewartet, dass endlich, endlich die ganz große Party steigt, bei der dann auch ich verwöhnt worden wäre. Ich habe keine Ahnung, wie wir auf dieses Hotel gekommen sind. Jedenfalls war es zum Brüllen komisch, zumal die Asiatinnen, sie mochten noch so schön und bezaubernd sein, zu den wenigen Frauentypen zählen, für die du dich nie erwärmen konntest. Dabei hast du als Kameramann schönen Frauen aller Nationen sonst gerne Aufmerksamkeit gezollt. Ich bin dankbar für jede Reise, die wir zusammen gemacht haben. Sie haben uns geweitet. Es sind unter anderem diese Reisen, die mir einen sehr differenzierten Blick auf das Pandemiegeschehen erlauben. Wir sind eine hysterische Gesellschaft geworden und das in vielerlei Hinsicht. Manches nehmen wir viel zu ernst, anderes wiederum nicht ernst genug.

Der November bricht an und tränkt meinen Tränensee mit Regen. Die Welt versinkt im Trüben. Noch immer finde ich keinen richtigen Schlaf, wache ständig auf, liege lange wach. Die Tage fliegen nur so vorüber, eilen der Adventszeit entgegen. Alles stimmt und nichts stimmt mehr. Angela Merkel erhält zum Abschied einen Zapfenstreich.

Der Tod eines geliebten Menschen fühlt sich, wenn der Schockzustand nachlässt, an wie eine Amputation. Etwas Entscheidendes wurde von einem abgetrennt. Das schmerzt fürchterlich. Und doch ist es wichtig, diese Schmerzen zuzulassen, denn sie machen etwas mit uns. Sie kneten uns. Weicher als uns jemals etwas zuvor knetete. Diese Weichheit wiederum öffnet uns, lässt uns mehr vom größeren Ganzen erkennen oder doch zumindest erahnen. Wir beginnen zu begreifen, dass das, was wir liebten und was uns berührte, nicht die äußere Gestalt war, nicht das Geformte, sondern das, was ihr innewohnte. Diese Erkenntnis des Wesenhaften ist beglückend und bestürzend zugleich. Denn mit einem Mal sehen wir sowohl das Gelebte als auch das Versäumte glasklar und wissen, unsterblich sind nur die Augenblicke der Liebe. Sie sind das Einzige, was zählt. Bitter wiegt das Versäumte, das Ungelebte, denn wir können es nie wieder nachholen, nichts mehr gutmachen. Mag die Intensität dieser Erfahrung im Laufe der Zeit nachlassen, bleiben doch Phantomschmerzen, gegen die man nichts ausrichten kann. Wenn es einen Grund gibt, warum Du diese Zeilen gerade liest und weshalb ich sie geschrieben habe, dann diesen: Liebe! Liebe Dich und den Menschen an Deiner Seite. Verhalte dich so, als würdest du alles zum ersten und zum letzten Mal machen. Verbinde Dich mit Dir und dem Anderen und den Anderen. Lasse Dich ganz auf das Leben ein. Vertraue. Durchbreche Mauern. Lache, weine, wüte, zweifle, vereine, aber lass Dich nicht aufhalten. Gib dich ganz. Wir sind seelische Wesen. Wenn wir nicht miteinander, sondern gegeneinander leben, vergewaltigen und verletzten wir uns selbst. Die Gründe dafür sind vielfältig, doch sie können überwunden werden. Wir müssen, nein, wir dürfen uns immer wieder aufeinander zubewegen, denn die Wegbewegungen finden von ganz alleine statt. Aufgeben ist keine Option. Trainiere die Augen des Anfangs. Einen Menschen zu treffen, den man liebt und mit dem man leben kann, ist etwas Einmaliges und Kostbares. Selbst wenn eine Beziehung scheitert, hat sie uns auf dem Weg der Liebe ein Stück weitergebracht, hat uns für eine gewisse Zeit ein Stück Himmel eröffnet. Vielleicht wurden unsere Erwartungen enttäuscht, das Gelebte zählt dennoch, vor allem das ganz Gelebte. Nur wir selbst können uns den Mut nehmen, weiterzugehen, weiter zu lieben…

Ich rapple mich immer wieder auf, gehe weiter mit all diesen Erfahrungen meines Lebens, leichte und schwere Zeiten, Krankheit und Tod, aber auch Glück, so viel

Glück, trage mein Schneckenhaus neuerdings auf dem Rücken, um mich so schnell wie möglich zurückziehen zu können, wenn das Wesenhafte, das ich nun noch besser spüre als früher, mir als Fratze oder als gräuliche Maske begegnet. Für durchlässige Leute kann die Welt ein abgründiger Ort sein. Hin und wieder frage ich mich nun nach dem Wohin. Das Leben erscheint mir wie die Wartehalle eines großen Bahnhofs. Züge halten an, Menschen steigen aus und ein, Züge fahren ab, Menschen verabschieden sich, lachen, weinen, hasten weiter, ein buntes, manchmal seltsames Treiben, auch trist, kalt und zugig, viel Warterei, begegnungslose Begegnungen, sinnloses Aufeinanderprallen, Kioske ohne Wärme, eine Welt ohne Antworten, aber voller Fragezeichen, ein Kommen und Gehen, das so manche Absurdität bereithält.

Vielbeschäftigt bewege ich mich scheinbar einigermaßen gefasst auf deinen ersten Todestag zu. Engel in Menschengestalt besuchen mich, vermitteln mir das Gefühl von Normalität. Unsere Enkelin beginnt Witze zu erzählen. Sie fragt: „Soll ich dir mal einen Witz erzählen, Omi?" „Ja", antworte ich verwundert, denn das Thema Witze hatten wir bisher noch nie. Im Stillen frage ich mich, was jetzt wohl kommt. Die Kleine sagt mit fester Stimme: »Es sind keine Hühner im Stall, nur Remy Pusterball.« Dabei kringelt sie sich vor Lachen. Ich breche ebenfalls in Lachen aus, denn die Überraschung ist perfekt. Remy Pusterball in einem leeren Hühnerstall um 17 Uhr abends im Dezember kann nur etwas sehr Schräges bedeuten, das ist mir auf Anhieb klar. Wir lachen uns beide mal eine Weile weg. Wenn er uns denn hört, der Remy Pusterball, denkt er vermutlich: *Die haben einen Knall.* Du klatschst im Himmel Beifall. Humor war etwas ganz Wichtiges für dich. Dein eigener hat es dir immer wieder ermöglicht, eine Perspektive einzunehmen, die für Lachen sorgte. Das riss mich mit. Das Lachen ist zurückgekehrt. Doch der schöne Schein trügt. Mein Kopf wird immer dussliger. Ein Gefühl von Ohnmacht beherrscht mich. Du fehlst. Kurz vor Weihnachten breche ich sowohl innerlich als auch äußerlich zusammen. Das lange geplante Fest im Kreise der Familie findet ohne mich statt. Ich fühle mich nicht gut, will allein sein, kann die Oberfläche der äußeren Welt nicht ertragen, bin krank vor Kummer. Wird Weihnachten jemals wieder so sein, wie ich es mit dir an meiner Seite kannte? Wohl kaum. Würde es dich so wie früher aufregen, wenn du mich so sehen könntest? Vermutlich. Ich höre dich sagen: »Es reicht! Da geht's lang.« Doch die emotionale Wiederholungsschleife, in der ich feststecke, ist heftig. Was vor mir liegt, erscheint mir wie eine irrsinnig hohe nächste Stufe, die ich erklimmen muss, um der Wirklichkeit wieder ein kleines Stück näherzukommen. Ich begreife: Mein Leben hat sich einschneidender verändert, als ich es wahrhaben will.

Deinen allerersten Todestag verbringe ich überwiegend im Bett, nur flankiert von unserem Hund. Ich bin so müde, fühle mich schwer und verloren, verkrieche mich unter der Bettdecke. »Länger als ein Jahr ist Luxus«, sagt eine Witwe zu mir, deren Mann vor neun Jahren starb. Der Satz brennt sich mir ein. Ich bin also ein Luxusweibchen. Wer hätte das gedacht? Nach mehr als einem Jahr ist Aufbruch angesagt. Das Leben muss weitergehen. Nur Luxusgeschöpfe haben die Zeit zu trauern. Vorsichtig linse ich aus meiner Höhle, aber da ist kein Weg in Sicht. Schnell ziehe ich mich wieder zurück. Ich bin noch nicht so weit. Und ehrlich gesagt frage ich mich, ob ich es jemals sein werde. Es ist ein Glück, dass es die Psychotherapeutin gibt, sonst würde ich womöglich in eine schwere Depression verfallen. Sie nimmt behutsam kleine Korrekturen vor und führt mir immer wieder vor Augen, welche Auswege ich nehmen kann, die ich dann auch nehme. Ich war immer eine brave Schülerin, das weißt du. Ein tränenreiches Jahr geht zu Ende.

Das neue Jahr beginnt, und ich stehe ganz allein auf unserem Balkon überrascht darüber, dass trotz Feuerwerkverkaufsverbot und Omikron, so heißt die neue Variante des SARS-CoV-2-Virus, so fleißig um mich herum geschossen und geböllert wird. Du bist bei mir, auch wenn du rein körperlich nicht anwesend bist. Ein neues Jahr, ein neues Glück – man sagt das so. Längst ist mir jedoch klar, dass ich ein Leben lang um dich weinen werde. Der Trauermarathon ist keineswegs vorbei. Für die Anderen ist das anders – sie haben nicht diese Zäsur erfahren – und das schafft, ohne es zu wollen, eine ungewöhnliche Distanz, wirft Fragen sogar im Hinblick auf Freunde und Freundschaften auf. Gleichzeitig lebe ich weiter, gehe ich weiter, gestalte weiter, weine, lache, bin mutlos und dann wieder zuversichtlich. Das eine ist ohne das andere nicht denkbar. Omikron zieht seine Kreise auch unter den dreifach Geimpften. Es ist eine seltsame Geschichten mit dieser Krankheit, vor allem aber mit unseren Reaktionen darauf: Soziale Distanz, Abstand, Masken, Hysterie, Panik, aber auch Leugnen, Widerstand, Verschwörung, Ungeimpfte, die nach fünf Tagen wieder gesund sind und Geimpfte, die an Long-Covid leiden. Ich spüre deine Abwesenheit mehr denn je. Die Trauer geht in eine neue Phase über, die ich Vertiefung nennen würde, wohingegen diese kolossale Erschütterung weiter weicht. Unser Sohn und seine Freundin ziehen um. Es entsteht viel Aktion in meinem Leben, denn in irgendeiner Form bin ich immer beteiligt, fast mehr als früher. Ich bin jetzt Mutter und Vater zugleich. Kurz meine ich bei mir den Anflug von etwas Neuem zu spüren, doch dann versinke ich wieder im Tal der Tränen. Ich setze mir ein Ziel: Nicht weinen, dass es vorüber, sondern lächeln, dass es gewesen ist. Wenigstens hin und wieder müsste das doch drin sein.

Aber das ist einfacher gesagt als getan. Am 22.1.2022 stirbt eine Bekannte mit einer genetischen Vorbelastung an den Folgen einer Covid-19 Erkrankung. Ich träume nun sehr häufig von dir, so als ob du noch leben würdest. Wir sind zusammen unterwegs, lachen, weinen, träumen, betrachten gemeinsam die Entwicklung der Welt. »Der Mensch ist ein Halbintelligenzler«, hast du immer gesagt, »deshalb wird er irgendwann untergehen.« Ich hoffe nicht. Ich bin eine Frau – ich fühle mich dem Leben verbunden. In meinen Träumen tragen die Leute um mich herum nun ständig diese medizinischen Schutzmasken. Das erscheint mir im wachen Zustand absurd, aber mein Unbewusstes spricht seine eigene Sprache. Ich gebe nicht auf, so wenig wie die Psychotherapeutin an meiner Seite. »Verfestigen«, nennt sie die Anläufe, nicht nur in der Vergangenheit zu leben, und gibt mir Hausaufgaben, um den Umgang mit meinen Gefühlen zu trainieren. Meine Versuche klarzukommen, den Alltag zu meistern, sind mal von Erfolg gekrönt, dann wieder nicht.

Ich stoße auf eine dreiteilige Relieftafel, auch Triptychon genannt, die du mir vor vielen Jahren von einem Dreh mitgebracht hast. Ein Triptychon ist ein dreigeteiltes Gemälde zum Aufklappen. Die einzelnen Teile werden mit Scharnieren zusammengehalten. Bislang wusste ich diese schöne Schnitzkunst aus Polen nicht wahrhaft zu würdigen. Nun bekommt sie eine ganz neue Bedeutung für mich. Ihre Dreiteilung ist für mich auf die Trauerzustände übertragbar, denen ich mich ausgesetzt sehe. Die Mitteltafel steht für die Weiterlebenstrauer, der Flügel links für die Sterbenstrauer und der rechte Flügel für das Todestrauern. Der linke Flügel, die Zeit deines Sterbens und Abschiednehmens hat mich einfach überrollt, hat so viel von mir gefordert, dass der nötige Abstand fehlte, um die Trauer wirklich annehmen zu können. Ich verweigerte mich dem, was da ablief. So in dem Sinne, wenn ich es ignoriere, dann wird es schon nicht wahrwerden. Die Angst vor dem Tod ist tief in uns verwurzelt. Dabei wäre es so wichtig, sich dieser Angst zu stellen, nicht nur weil hier keiner lebend rauskommt, sondern weil nur wirklich lebt, wer das Sterben anzunehmen bereit ist. Gewiss, es liegt in der menschlichen Natur, zu glauben, dass es gutgeht. Man neigt dazu, sich etwas vorzumachen, glaubt an die nächste Behandlung, und wenn schon nicht an eine dauerhafte Heilung, dann doch an einen Stillstand, an die Möglichkeit, die Krankheit beeinflussen zu können. Das ist auch die Prämisse, nach der die Ärzteschaft handelt. Von der Gesundheitsindustrie wird das zusätzlich forciert. Wer im kranken System krank wird, stößt irgendwann unweigerlich auf den damit verbundenen Machtbarkeitswahns. Das ist problematisch, vor allem wenn es sich um Krankheiten handelt, die tödlich verlaufen können. Denn dort ist die Grenze zwischen Leben und Tod sehr dünn. Da nistet sich sehr schnell die Irrationalität ein. Dumpf zu erahnen, dass man sich verliert, dieser Ahnung aber keinen Raum zu geben, entstellt die letzte Zeit des Miteinanders und wirft lange, dunkle Schatten. Die angstfreie Innigkeit, die eine liebevolle Partnerschaft auszeichnet, wird vom drohenden Tod überschattet, ohne dass er sich wirklich zeigen darf. Das ist beklemmend und trügerisch, und es verzerrt die Beziehung. Dem gesunden Partner ist es vielleicht tatsächlich nur rudimentär möglich, in dieses dunkelnden Du einzutreten, in der gelebten Realität ist man jedoch unmittelbar damit konfrontiert. Warum dann nicht ganz und gar und vollkommen frei den Abschied in Würde gemeinsam annehmen und zelebrieren?

Das Schicksal kann man sowieso nicht lenken, denn es folgt seinen eigenen Regeln. Manchmal kann man es beeinflussen, bestimmen kann man es nie. Das Schicksal bestimmt uns, indem es sich einfach ereignet. Nicht umsonst sind die Göttinnen des Schicksals in der nordischen Mythologie als weibliches Dreiergespann beschrieben, das im Verborgenen wirkt. Diese dreigestaltige Einheit, die sich aus den Nornen Urd, Verdandi und Skuld zusammensetzt, wie es die Edda beschreibt, ist nämlich unaufhaltsam. Die Nornen spinnen unentwegt Fäden, ordnen sie und wachen gleichzeitig über die mystische Tiergestalt des Fenir. Diese Wesen sind als Urzeitkräfte zu verstehen, die ihre Wirkung entfalten, ohne dass der Mensch etwas daran ändern kann. Schicksal entsteht im Urgrundsein der Welt. Urd repräsentiert das, was seit Anbeginn der Zeiten wirkt, Verdandi symbolisiert das Werden und Vergehen von allem, was ist, Skuld ist die Repräsentantin für das, was die Zukunft bereithält. Das zu akzeptieren fällt uns schwer, denn die Nornen stehen für einen allgegenwärtigen Kontrollverlust, dem der Mensch beständig ausgesetzt ist, auch wenn er das zu verdrängen sucht. Ihm zuzustimmen, ist die große Kunst des Lebens. Angesichts des Todes ist der Kontrollverlust total. Sich in diesen bitteren Stunden Verlässlichkeit zu schenken, Treue, Verbundenheit, ist das, was bleibt, was auch uns blieb. Die tieferen Erfahrungen drifteten auseinander. Der Todkranke durchläuft die Phasen der Trauer in seinem Zeitmaß und damit möglicherweise anders als die Menschen um ihn herum. Verena Kast beschreibt vier Phasen: Das Nicht-Wahrhaben-Wollen, die aufbrechenden Emotionen, das Suchen und Sich-Trennen und zuletzt ein neuer Selbst- und Weltbezug. Elisabeth Kübler-Ross, eine der bekanntesten Sterbeforscherinnen, unterscheidet fünf Phasen: Leugnen, Wut, Feilschen und Verhandeln, Depression und Annahme. Für Menschen, die sich lieben und miteinander verbunden sind, liegt ein ungeheurer Schmerz in diesem Auseinanderdriften. Ob es möglich ist, es anders hinzubekommen wie wir, weiß ich nicht. Uns trieb die Wellenbewegung des nahenden Todes an verschiedene Ufer. Du hast diesen Tod mit dir selbst ausgemacht, konntest und wolltest mich nicht weinen sehen, wolltest die Leichtigkeit in irgendeiner Form erhalten. Ich konnte deinen Tod nicht vollständig an mich heranlassen, sonst wäre ich womöglich zusammengebrochen. Du zogst dich zurück, wurdest wieder der Schweigsame, um dein Leuchten, deine Würde zu wahren. Es sollte etwas zurückbleiben, eine Festigkeit und Gefasstheit, wie sie nur wenige Menschen bis in den Tod hinein aufrechterhalten können. Und ich musste es dulden. Ja, die Würde des Menschen ist unantastbar, aber unter welch großen Schmerzen wird sie oft verteidigt? Ich blieb zurück, ohne zu begreifen, dass es keinen Grund gibt, Gefühle zu unterdrücken, die sowieso da sind. So steckte bereits zum Zeitpunkt deines Todes ein unbewältigter 8000er der Trauer in mir. Ich war im Leugnen, im Nicht-Wahrhaben-Wollen steckengeblieben, während du dich vermutlich längst mit dem Tod auseinandersetztest. Bis heute frage ich mich, wie es dir damit ergangen sein mag.

Dem zweiten Flügel des Triptychons, dem Todestrauern, konnte ich mich in letzter Minute stellen. Trotz deiner schweren Bürde hast du die Weichen dafür gestellt, hast mich nicht entkommen lassen, hast in den letzten Tagen deines Lebens klargemacht, dass es hier ums Sterben geht, um nichts als das Sterben.

Und die Weiterlebenstrauer, die ich so lange nicht fassen konnte, weil ich mit der Bewältigung deines Krankheitsjahres beschäftigt war, ist nun Teil meines

158

Lebens. Es ist der Psychotherapie zu verdanken, dass ich überhaupt so weit gekommen bin, denn das Chaos in mir war groß, so groß. Ich gehöre zu den Personen, für die es wichtig ist, etwas einordnen zu können, umso mehr je weiter ich vom Weg abkomme. „Schubladendenken" nanntest du es und hast mich öfters angemahnt, es nicht damit zu übertreiben. Wenn du wüsstest, wie sehr ich es nun brauche, um weitermachen zu können, um zu ertragen, was eigentlich nicht zu ertragen ist. Überlebt habe ich bislang, meine Gefühle sorgen so oder so oft für Turbulenzen und dass ich mit dir verbunden bleibe, ist für mich gewiss. Du hast etwas zurückgelassen, einen Auftrag, eine Lehre, die weit über deinen Tod hinausreicht. Du warst schon immer ein großer Lehrmeister. In jedem Fall verbindet uns für immer unsere Lebensart. Wir sind uns da sehr einig gewesen, teilten in allen Bereichen größere und kleinere Schnittmengen. Vor allem aber verbindet uns die Liebe. Du warst ein leidenschaftlicher Liebender, und ich ließ mich gerne lieben. Mehr denn je weine ich um dich. Es ist etwas Eigentümliches mit der Trauer – ihre Wucht variiert, aber immer ist da ein leises, ziehendes Weh. Ich vermute, dass ich mich zu gegebener Zeit mit deinem Sterben verbinden und die damit verbundenen Emotionen vollends befreien muss, denn da ist bestimmt noch einiges in meinen Zellen gespeichert. Schließlich erleide ich ständig Rückschläge, bei meinen Versuchen, die Höhle zu verlassen. Manchmal

159

schaffe ich es zwischenzeitlich jedoch, mich wenigstens abzulenken. Bei einer dieser Ablenkungen stoße ich auch auf Human Design, eine erweiterte Astrologie der neuen Zeit. Sofort weiß ich, keine Ahnung wieso und woher, dass du ein Manifestor gewesen sein musst. Als ich es überprüfe, erhalte ich die Bestätigung. Das fasziniert mich, und ich schlussfolgere: Unser gemeinsamer Weg ist nicht vollendet. Noch immer kann ich dich besser kennenlernen, die Rätsel deines Wesens erkunden, dir auf diese Weise nahe sein. Der Tod hat dich mir körperlich entrissen, aber ich fühle dich noch immer, will dich noch immer ergründen, dir nahe sein, dich bewundern. Als ich mich weiter mit dem Thema beschäftige, mein und dein Chart anschaue, geht mir ein Licht nach dem anderen auf. Es ist, als würde ich dich und mich nun erst so richtig verstehen. Und mir wird klar: Wir müssen nichts herbeiholen oder erzwingen wollen. Alles ist immer schon da, es ist unseren Augen nur verborgen. Es geht eher ums Ausschauhalten und ums Sehen-Lernen, auch in der Partnerschaft. Für dürfen nicht aufhören, an das Wunder der Liebe, an den anderen zu glauben. Wir müssen etwas für möglich halten, wenn das Mögliche und Unmögliche wahrwerden soll. Nur dann kann es nämlich in unser Leben treten. Ich spreche absichtlich nicht von Wünschen. Denn es ist ein Unterschied, ob ich mir etwas wünsche oder ob ich es für möglich halte und es aktiv realisiere.

Ich bin ziellos. Die Tage vergehen, rascher als mir lieb ist. Es gibt viel zu tun, aber das hat keinerlei Bedeutung mehr für mich. Um nicht völlig abzudriften, schmiede ich Minipläne, echte Ziele jedoch habe ich keine. Das stürmische Wetter hält an. An den Grenzen der Ukraine braut sich ein Krieg zusammen, den Russland inszeniert. Unter der Bezeichnung „militärische Spezialoperation" dringt das russische Militär am 24.2.2022 mit Panzern in die Ukraine ein. Was den oder die Auftraggeber antreibt, ist undurchsichtig. Von Geopolitik ist die Rede. Oder ist es Machtbesessenheit, Wahnsinn, die Angst vor dem Verfall, dem eigenen Untergang? Der Krieg ist nach Europa zurückgekehrt, und er tobt auf den verschiedensten Ebenen. Ein totales Desaster. Die Benzinpreise schnellen in ungeahnte Höhen. Zur Trauer um dich gesellt sich nun noch die Trauer um das immer wiederkehrende Scheitern der Menschlichkeit. Lernen wir denn nie dazu? Wann werden wir je verstehen? Wann? Ich weine oft, denn ich weiß genau – jeder Tote hinterlässt tiefe Schmerzen und jeder Verletzte ist ein Verletzter zu viel. Wie kann der Mensch nur so irren? »Humanismus ist der einzige Weg«, hast du immer gesagt.

Das Grau geht in sonniges Wetter über, doch das Grauen nimmt kein Ende. Skulpturen treten aus dem Raum hervor, kennzeichnen die Zeit, geben ihr ein regungsloses Antlitz. Millionen von Ukrainern begeben sich auf die Flucht. Einer meiner direkten Nachbarn nimmt eine sechsköpfige Familie auf. Die Großmutter ist in meinem Alter. Wir schenken uns immer wieder ein Lächeln. Ich werde zum Fan der Kinder und sie zu meinem. Abgesehen von „hello" und „bye-bye" findet unsere Kommunikation nonverbal statt, denn keiner spricht auch nur ein Wort Deutsch und ich kein Wort Ukrainisch oder Russisch. Anderswo wütet der Tod, hier bricht sich der Frühling Bahn und weckt die Lebensgeister. Unverhofft katapultiert es mich immer wieder an Orte der schönen Erinnerungen, so als ob ich weiter ihren Duft einsaugen würde. Ich schlendere mit dir durch Urbino, für mich und dich eine der schönsten Kleinstädte der Welt, finde mich an einem W-Lan-Hotspot im bonbonfarbenen Havanna wieder mit dir an meiner Seite. Das Morgenlicht ist betörend. Wir trinken Kaffee an der Plaza Jose Mati, laufen weiter zum Barriet Habana. Ich lasse mir den Lobster, den sie dort zubereiten, auf der Zunge zergehen. Genuss, der wirklich köstlich ist, hat etwas Göttliches. Du als Vegetarier begnügst dich mit Bohnen. Das schrille Kreischen einer Motorsäge vermischt mit lautem Stimmengewirr dringt durch die offenen Türen. Motorengeräusche und Musik runden das Klanggemälde ab. Wir schreiten beide fotografierend den Paseo Mati entlang und gehen dann ins Museum für Moderne Kunst. Bossa Nova begleitet uns. *Let's go back to the stars* – wie gerne würde ich den Song wiederfinden,

162

aber Kuba behält seine Geheimnisse bevorzugt für sich. Die Touristen werden ganz gezielt gelenkt.

Sobald mich die Räume der Erinnerung wieder ausspucken, bleibe ich traurig zurück. Nichts ist für immer. Das ist Fluch und Trost zugleich.

Auf Arte läuft ein Film deines Lieblingsregisseurs Federico Fellini. Du hieltest ihn für ein Genie. Ich gucke „La Strada" nicht zum ersten Mal, wir haben fast alle Filme von Fellini zusammen angeschaut, die meisten davon sogar mehrfach. Damals erschien mir „La Strada" seltsam überinszeniert, sodass ich deine große Begeisterung nicht wirklich teilen konnte, nun betrachte ich diesen Film mit ganz neuen Augen, erfasse seine geniale Aussagekraft inmitten seiner Theatralik. Am nächsten Tag nehme ich in deinem Zimmer alle Bücher über Fellini zur Hand, schmökere darin. Das weckt Erinnerungen. Du und ich in Cinecittà in Rom auf den Spuren von Federico. Die ewige Stadt als Symbol unserer Liebe. Wir verbrachten sowohl unsere Hochzeitsreise dort als auch unseren dreißigsten Hochzeitstag. Ich spüre, du bist überall, lebst in vielen Dingen, die noch immer Freude bringen. Ein Leben hat nicht, gereicht, um sie ganz auszukosten.

Du kamst im ersten Buch vor, das ich überhaupt schrieb, zumindest an manchen Stellen, wurdest als Ehemann in eine Frühstücksgeschichte eingeflochten, die zugegebenermaßen ziemlich makaber ist. Das rief bei einigen unserer Freunde Entsetzen hervor. Sie wähnten dich in deinen Gefühlen verletzt und hakten vorsichtig bei uns nach, ob eine Scheidung ins Haus stünde. Weit gefehlt. Ich spielte mit Worten, und du hattest genügend Selbstbewusstsein darüber hinwegzugehen, weil du selbst gerne spieltest. Wir haben zusammengepasst, so einfach ist das. Solange alles gut ist, ist man sorglos. Da denkt man nicht unentwegt an die Menschen, die man liebt. Der Tod ändert das. Wenn ein Mensch gestorben ist, ist er in allem und jedem gegenwärtig, setzt Maßstäbe, die einem davor nicht bewusst waren. Manchmal blitzt deshalb Angst in mir auf. Mal frage ich mich, ob ich dich mit meinen Sätzen krampfhaft festzuhalten versuche, dann wieder, ob es sich um ein Tötungsdelikt handelt, dass du durch den Blick, den ich zurückwerfe, schließlich zur Salzsäure erstarrst. Doch ich kann nicht anders. Ich muss Schreiben. Schreiben ist ein Überlebenselixier für mich. Aus den Pfeilern der Trauerfacetten habe ich eine provisorische Brücke gebaut. Und das Schreiben ist das Rettungsseil, an dem ich mich über dieses Provisorium hangle – in der Hoffnung, dass es den Wogen des Schmerzes, der Verzweiflung und Niedergeschlagenheit standhält. Vielleicht wartet auf der anderen Seite ja ein neues Leben auf mich. Denn nicht den Tod gilt es zu besiegen, sondern seine Gegner, die teuflischen Fallstricke der Verleugnung, Verneinung und Verwesung, die überall lauern. Man you have made me who I am. Ich danke dir von Herzen dafür.

Im Netz entdecke ich, dass es Coaches für Trauer gibt. Abschied von der Trauer lautet ihr Credo. Das triggert mich. Trauer ade? Ist das wirklich möglich? Ich frage mich, wie das geht, will es selbst herausfinden, mir nichts vorkauen lassen. Da wärst du doch ganz einer Meinung mit mir, nicht wahr?

Verhärtungen knetet man so lange, bis sie weicher werden. Wie jedoch löst man Verstrickungen? Erst gestern musste ich etwas entwirren, das sich verwickelt hatte. Ich bin schier närrisch geworden. Ziemlich viel Geduld ist dafür erforderlich, ja, und auch Liebe oder Achtung für das, was ist. Schnell überfällt einen das Bedürfnis, es einfach zu lassen und wegzuwerfen. Das erleichtert kurzfristig, aber gewonnen ist nichts. Denn alles im Leben will erkannt und gelöst werden. Und was ist mit den emotionalen Ausbrüchen und Einbrüchen? Wie sollen wir denen Herr werden? Und können wir unserer selektiven Wahrnehmung wirklich entgehen? Ich glaube – manchmal ja, manchmal nein. Doch nun zu den Ratschlägen von erfahrener Seite, zu dem, was die Coaches so sagen: Lieben, was ist, lautet der erste. Alles, was ist, ist nämlich, wie es ist. Und in allem steckt die Möglichkeit, zu wachsen. Wenn wir durch den Schmerz hindurchgehen, führt er uns ein Stück weiter zu unserem inneren Kern, wird zu einer

Art Weiterentwicklung. Die Trauer annehmen, lautet der zweite Tipp. Man könnte auch von radikaler Akzeptanz sprechen, Basis jeder Veränderung. Es ist wichtig, die Trauer anzunehmen. Widersetzen wir uns ihr, leiden wir noch mehr. Genauso wichtig aber ist es, sich selbst immer wieder an den Fokus zu erinnern. Auch in der Trauer können wir lieben, dankbar sein, uns reich fühlen, bejahen statt negieren, hinschauen statt wegschauen. Wenn wir uns von Enttäuschung, Hader, Wut und Mangelgefühlen leiten lassen, wird alles noch viel schlimmer. Stimmen wir dem Schmerz jedoch zu und schenken dem Leben dabei weiterhin Vertrauen, weitet es sich für uns, lässt uns neue Horizonte erblicken. Drittens beschert uns die Erfahrung des Verlustes eine Fülle von Gefühlen, die uns ausdehnen. Das macht etwas mit uns, vertieft unser Empfinden, öffnet uns für neue Einsichten und Begegnungen.

»The Power of the Dog« erhält den Preis für die beste Regie bei der Oscarverleihung 2022. Das lässt mich aufhorchen, obwohl mich der Film bislang nicht die Bohne interessierte. Den Trailer fand ich gähnend langweilig und das Westerngenre abtörnend. Wer in aller Welt interessiert sich heute noch für Cowboys? Nun ziehe ich ihn mir rein. Du und ich haben uns immer alle Filme angeschaut, die bei den Oscars die Auszeichnung für die beste Regie erhielten. Sich auf etwas einzulassen, kann vergnüglich oder herausfordernd sein. »The Power of the Dog« gehört eindeutig zur letztgenannten Kategorie. Er lässt sich viel Zeit damit, den Zuschauer mit den Protagonisten bekanntzumachen, schwenkt in aller Gemütsruhe über weite Steppenlandschaften und Viehbestände. Doch von Anfang an sind die Bilder so stark, ja, fast schon hypnotisch. Ich als deine Frau, die Frau eines Kameramanns, weiß sofort, dass ich es mit einem filmischen Meisterwerk zu tun habe. Ein vollkommen stimmiges und in sich geschlossenes Werk mit großartigen Darstellern und sehr eindringlich. Er hätte dir sehr gefallen, das weiß ich.

Ich erzähle einer guten Bekannten, dass ich, die ich Alkohol nie mochte, nun regelmäßig trinke, immer wieder einen Schluck brauche, um mich selbst zu beruhigen und zu trösten. Sie appelliert an mich, diese Gewohnheit umgehend wieder aufzugeben, erzählt mir von ihrer Tante, die nach dem Tod ihres Mannes mit dem Trinken begann und dann mit über 80 Jahren oft schon morgens lallend und verwahrlost im Sessel saß. Das rüttelt mich wach. Ich beende diese Angewohnheit, diszipliniere mich selbst. Ganz irrational befällt mich in diesem Zusammenhang der Gedanke, dass du noch immer auf mich aufpasst. Übrigens verstehe ich dich nun viel besser, ja, entdecke dich ganz neu, was mich manchmal in tiefe Verzweiflung stürzt und ein anderes Mal lachen lässt.

Neugierig nehme ich an einer Onlinesession von Betroffenen zum Thema Trauer teil. Wie blicken andere Menschen auf eine Erfahrung dieser Art zurück? Das interessiert mich. Die erste Empfehlung lautet: »Triff die Entscheidung, nicht mehr zu leiden.« Ich lasse diesen Anstoß auf mich wirken und komme zu dem Schluss, dass fortwährendes Leiden wirklich nicht förderlich ist. Doch eine Anleitung, wie man aus der Leidensspirale herauskommt, wird nicht mitgeliefert. Wissen es die Durcherprobten nicht oder behalten sie es für sich, um es an anderer Stelle zu vermarkten? Mir fällt die Aufforderung ein, die du mir noch vom Sterbebett aus mitgabst: »Ich will, dass du glücklich weiterlebst.« Alles klar! Aber wie geht das? Handelt es sich wirklich nur um eine Entscheidung? Es fällt mir keineswegs leicht, die leidvollen Gedanken zu stoppen. Denn wenn ich an dich denke, und ich denke unglaublich viel an dich, tut es mir so verdammt weh, dass du nicht mehr lebst. Du, der du das Leben so geliebt und es mit deiner Präsenz so voll und ganz erfüllt hast... Und das soll es nun gewesen sein? Ich fasse es nicht. Andere leben seit 30 Jahren mit Blasenkrebs.

Immerhin aber gelingt es mir, meinen Gedanken häufiger auf die Schliche zu kommen. Das ist die erste Voraussetzung dafür, ihnen Einhalt gebieten zu können. Den wiederkehrenden Gefühlen, die sich nicht so ohne Weiteres unseren willentlich getroffenen Absichten beugen, halte ich entgegen, dass sie nichts als

Gefühle sind und keine Realität haben. Auch wenn sie unsere Stimmung beeinflussen, ist die Wirkung von Gefühlen auf die Wirklichkeit beschränkt. Was juckt das Leben, ob wir fröhlich oder traurig sind? Das Leben hält sich nicht beim Gestern auf. Es geht einfach weiter, fließt unaufhaltsam durch alle Gezeiten. Wir können es komisch oder tragisch finden – es zeigt sich unbeeindruckt. Der Tod ist etwas, das passiert. Er ist im großen Plan des Menschseins eingebaut. Jeden erwischt es irgendwann. Und wie viele verschwinden, ohne jemals wieder erwähnt zu werden, ohne überhaupt jemals ein gutes Leben geführt zu haben? Ich sehe dich den Bierkrug in Prag heben, wo wir 2014 eine Weile in der Wohnung eines Bekannten lebten. In einem schönen Viertel direkt neben einem großen Park, wo ich unseren Hund jeden Morgen ausführte. Deine Augen leuchten, du lächelst verschmitzt, so als ob du mir für immer zuprosten wolltest. Ein Hoch auf das Leben. Ich kenne keinen, der es so hochhalten konnte und wollte wie du. Wann habe ich aufgehört, diese Geste ganz bewusst wahrzunehmen und rückhaltlos in sie einzustimmen? Irgendwann jedenfalls habe ich sie dem Gewohnten subsummiert, habe die Tonfarbe, die dein Wesen unserer Band hinzufügte, nicht mehr so stark gewürdigt wie am Anfang. Stattdessen habe ich versucht, ein gutes Solo hinzulegen. »Sie hat sich stets bemüht«, hast du oft witzelnd gesagt. Nun sind meine Versuche aller Freiwilligkeit enthoben. Ich wurde, ohne es zu wollen, von der Kür in die Pflicht geschubst und vermisse deinen Spirit, deine Lebensbejahung mehr, als ich mir jemals einzugestehen bereit war.

Es kommt der Tag, an dem ich durch und durch spüre, was los ist. Ich kaufe eben Ostergeschenke ein, bin also abgelenkt und nicht in Gedanken an dich eingepackt, als ein schmerzliches Ziehen durch meinen ganzen Körper geht. So etwas habe ich noch nie erlebt. Es ist, als ob sich in jeder einzelnen Zelle ein schmerzhafter Zug bemerkbar machen würde. Mir ist sofort klar, dass es mit dir und meiner Trauer um dich zu tun hat. Du bist, auch wenn ich mir das nicht erklären kann, omnipräsent. Ich fühle die Abtrennung von dir in jedem Bereich meines Körpers, weil er mit dir verbunden war und noch immer ist. Jede meiner Zellen muss aushalten, dass du nicht mehr da bist, muss die Veränderung und die damit verbundene Ausweitung erlauben, wenn sie weiterexistieren möchte. Mir bleibt nichts anderes übrig, als dieser sehr realen Erfahrung zuzustimmen. Als das Ziehen nachlässt, schießen mir die Tränen in die Augen. Ich stehe mitten im Laden und heule.

Selbst wenn wir in der Lage sind, unseren Gefühlsmotor zu steuern, surrt er doch weiter, denn er ist mit unserem Körper verwoben. Da ist etwas, das den Rahmen sprengt, den wir gewohnt sind, weil es über unser

Ich hinausgeht, eine namenlose Kraft, mit der wir verbunden sind, die wir fühlen können, wenn wir es zuzulassen bereit sind. Man kann das anzweifeln, immerhin ist es eine sehr subjektive Erfahrung, die man möglicherweise nicht teilt, aber in jedem Fall ist es ein Irrtum zu glauben, dass man sich so leicht vergisst, wie man sich einst begegnet ist. Unsere Begegnungen im Alltag des Lebens haben bei aller Liebe etwas Flüchtiges. Der Tod beendet diese Flüchtigkeit und ersetzt sie durch Endgültigkeit. Das spiegelt sich in der Trauer, die sehr real ist, wider. Ansonsten verhält es sich mit der Trauer wie mit der Liebe – sie dauert oder sie dauert nicht, an diesem oder jenem Ort. Immer jedoch beinhaltet sie Ewigkeit, denn sie ist der Zeit enthoben. Mit ihr zu leben, ist das, was ich lernen muss, was jeder lernen muss, der einen geliebten Menschen verliert. Für immer, man sagt es so dahin und ahnt nicht, was es in Wahrheit bedeutet. Wie sich das in Zukunft auf mich auswirkt, wird sich zeigen. Das ist mit Gewissheit auch davon abhängig, ob und wie es mir gelingt, diese Erfahrung anzunehmen.

Sich Zeit für sich zu nehmen, sich mit den eigenen Gefühlen auseinanderzusetzen, zu erspüren, was einem gerade guttut, lautet die zweite Empfehlung in dieser Onlinesession. Das klingt für mich einladend und einleuchtend. Mir ist klar, dass wir unsere Belastungsgrenzen allzu oft überschreiten.

Der dritte Tipp weist daraufhin, wie wichtig es gerade in einer Trauersituation ist, Grenzen zu setzen und den eigenen Befindlichkeiten und Bedürfnissen Aufmerksamkeit zu schenken, sie zu beachten.

So wertvoll alle diese Tipps auch sind – das Leben lässt sich nicht in Schablonen zwingen. Alles ist ein Prozess, alles fließt und jeder befindet sich an einem anderen Punkt. Die Begegnung mit dem Tod ist für die Beteiligten das Vordringen ins Unbekannte, daran ist nicht zu rütteln. Darüber hinaus hat jeder Mensch sein eigenes Tempo. Dies zu missachten, wäre ein grober Fehler und könnte neue Abgründe heraufbeschwören oder die Trauer in Verstecke abdrängen, in denen sie sich für Jahre verkriecht. Da aber immer alles danach drängt, ans Licht zu kommen, ist Flucht alles andere als ratsam. Denn alles Nichtgesehene will erkannt, alles Nichtgehörte erhört werden. Wer es schafft, sich entschlossen und mutig in den Abgrund zu werfen und an der Kante des Lebensberges loszulassen, der gewinnt ein neues Sein.

Es ist ein schöner Morgen und ich stehe vor einem Strauch, den wir kurz nach der Bewältigung unserer Ehekrise zusammen gepflanzt hatten. Er beginnt auszutreiben. Als ich das sehe, schießen mir mal wieder die Tränen in die Augen. Sinnlosigkeit überfällt mich. Wofür noch? Befindet sich die Welt nicht längst am Abgrund? Krieg in der Ukraine. Mörderisches Töten.

Die Gesichter des Bösen. Und wenn schon nicht Gier, dann doch Saturiertheit. Wie wird diese unfriedliche Menschheit mit der Erderwärmung umgehen? Was droht unseren Kindern und Kindeskindern? Lautlos durchschneiden meine Fragen den Äther. Die Psychotherapeutin macht mir klar, dass Sinnlosigkeit nur ein Gefühl ist und keine Realität. Ich erhalte die Hausaufgabe, mir jeden Abend in Erinnerung zu rufen, was an diesem Tag sinngebend für mich war. Du fehlst. Ich fühle mich verloren.

Sehnsucht nach Zweisamkeit flackert auf. Ich fühle mich noch zu jung, um der Anziehungskraft zwischen Mann und Frau dauerhaft abzuschwören. Doch um mich herum sind nur Paare. Und die älteren Herren, die ich unbeweibt beim Einkaufen treffe, sind so dermaßen tüdelig und mit sich selbst beschäftigt, dass ich keine Chance auf echte Annäherung sehe. Außerdem bin ich nicht mehr die hübsche Frau von zwanzig, dreißig, vierzig oder fünfzig Jahren, die mal eben so angesprochen wird. Ich bin nun eine Seniorin, die anfangen sollte, ihren eigenen Abgang zu bedenken. Nichts währt schließlich für immer. Zufällig begegne ich einer ehemaligen Kollegin. Sie ist eine sehr attraktive Frau und seit mehr als zehn Jahren Witwe. Ich frage sie ganz direkt. »Ach, nein«, antwortet sie, »die Männer in unserem Alter wollen doch alle bloß versorgt sein, und das ist mir zu wenig.« Eine erste Ahnung, dass es schwierig werden könnte mit der Liebe, überfällt mich. Denn es kommt ja hinzu, dass sich die Welt verändert hat. Was früher mal funktionierte, liefert heutzutage vermutlich nur noch eine Steilvorlage fürs Kabarett.

Eine gute Freundin drängt mich nach Berlin zu kommen. Ich buche ein Zugticket. Der Anbieter offeriert mir mehrere Werbegeschenke, darunter das Angebot, drei Tage lang kostenlos Parship auszuprobieren. Mit ein, zwei, drei Klicks bin befinde ich mich in einem neuen sozialen Netzwerk – Partnervermittlung online. Die Auswertung meines Profils offenbart eine ausgeglichene, aber bindungsscheue Persönlichkeit, was einen Herrn, mit dem sich überdurchschnittlich viele Treffer ergeben, umgehend zu einem spitzen Kommentar veranlasst. Als ich kontere, gibt er mir sofort den Laufpass. Ein anderer Herr, der mich durch seine Umgangsformen anspricht, entschwindet ohne Angaben von Gründen, als ich ihm nach Kurzem schriftlichen Geplauder mein Dasein als Autorin, Hundemama und Kurzzeitgast darlege. Fühlte er sich gedrängt oder nur überfordert? Ein dritter, mit dem es sich gut anlässt – er ist wie ich verwitwet – verliert jegliches Interesse, als sich herausstellt, dass ich nicht bereit bin, mit ihm mindestens zwei Stunden lang Fahrradzufahren. Andere fallen gleich mit der Tür ins Haus oder nehmen sofort wieder Reißaus. Auch ich mache da und dort einen Rückzieher, weil ich weder die Probleme

174

der Vergangenheit aufarbeiten noch von Anfang an eine Belohnung in Aussicht stellen möchte. Ohne Wärme und Vertrauensbasis fehlt dem Sex oft das gewisse Etwas. Darauf habe ich keine Lust. In kolossales Erstaunen versetzt mich, dass zahlreiche Männer, die laut Parship zu mir passen könnten, Loriot ausnehmend gut finden. Da ist mir offenbar was entgangen. Mir ringt der pedantische Vorruheständler Heinrich Lohse, der dem Geist von Loriot entsprang, nur ein gequältes Lächeln ab. Jedenfalls würde es mich ganz schön grummelig machen, ihn in meinem Haushalt wiederzufinden. Auch seine Papierbestellungen für die nächsten 40 Jahre, ein Phänomen, das mir seit deinem Tod bekannt ist, entlocken mir kein Lachen. Ich sitze hier auf Bergen von unbeschriebenem Papier. Und so scheitere ich mit meinem Vorhaben, in drei Tagen zu einem Date zu gelangen. Ganz offensichtlich fehlt es mir an Talent, was digitales Anbändeln betrifft. Ist das nicht eine Schande für eine Autorin? So wie es aussieht, muss ich im Hinblick auf ein Date auf das Analoge vertrauen.

Ein kleiner, aber heftiger Wintereinbruch sorgt in meiner Region für den ersten Schnee in diesem Jahr und lässt mich schaudern. Den Frühling hält das nicht davon ab, munter weiterzumachen. Lustig lässt er unter der Schneedecke die Blümchen weitersprießen. Was für eine große Lehrmeisterin die Natur doch ist!

Mein frühlingshafter Sehnsuchtsanflug hingegen verflüchtigt sich so rasch wie er gekommen ist. Dass die Dreitagesfrist bei Parship parallel dazu abläuft, ist mir gerade recht. Dein Verlust wiegt zu schwer. Ich bin noch nicht bereit für Leichtigkeit. Aus wie vielen Widersprüchen sich die Wahrheit oft zusammensetzt.

Dann kommt der Tag, an dem mich zum ersten Mal, seit du dein irdisches Dasein beendet hast, eine leise Ahnung streift. Wie aus dem Nichts ist sie plötzlich da. Ein Anflug nur, aber immerhin. Ich bin es dir schuldig, frei zu sein. Denn nur dann kannst auch du frei sein. Solange ich festhalte, kann deine Seele nicht weiterziehen, kann nicht zu den Sternen aufsteigen und im Licht der Liebe tanzen. Du mochtest es nie, wenn jemand dauernd klagte und zagte, wenn jemand rückwärtsgewandt lebte. Du warst der pragmatischste Optimist, den ich kenne. »Da geht's lang«, hast du wieder und wieder gesagt und nach vorn gezeigt.

Unglücklichsein hat immer zwei Hauptgründe – entweder wir vergleichen unser Leben oder wir beschränken es aus Angst. Aber weder der Vergleich mit dem Leben Anderer oder unserer eigenen Vergangenheit noch Beschränkungen werden uns weiterbringen. Glück braucht Fluss, und Fluss ist die Natur des Lebens. Du warst immer für die Bejahung, die Freude, das Lachen. Du würdest es als einen offenen Widerspruch ansehen, einerseits weiterzuleben und andererseits zu leiden. Auch wenn es sich um dich und deinen Untergang handelt – du hättest nicht gewollt, dass ich im Trüben fische, hättest es als Selbstmitleid entlarvt und schallend darüber gelacht. Es ist ein Paket, das ich durch die Gegend schleppe, obwohl es niemand von mir verlangt. Du am allerwenigsten. Das ist etwas, das ich sicher weiß und wie einen Schatz in meinem Herzen trage.

Was wissen wir schon? Das Jenseits ist uns verborgen. Wir wissen nicht, welche Entscheidungen eine Seele trifft oder getroffen hat. Vielleicht ist der Tod die letzte große Freiheit, die Chance auf einen Neubeginn. Wir, die wir in dieser Welt leben, begreifen das Unsichtbare nicht. Nur eines ist sicher – es ist exorbitanter als das Sichtbare. Seit du tot bist, spüre ich das deutlicher als jemals zuvor. Die Macht des Nichtwissens ist gewaltig. Der beste Beweis sind die komplexen Glaubenssysteme und Jenseitshoffnungen, die daraus entstanden sind. Auch die riesigen Bibliotheken, die mit Wissen gefüllt werden, belegen nur unsere Suche. Finden ist etwas ganz anderes. Es ist die Sterblichkeit, die den Menschen anstachelt, nach der Unsterblichkeit zu jagen. Aber kommen wir jemals an?

Ich krieche aus dem Bau und fahre nach Berlin. Brechend volle Züge. Maskenball. Verspätung. Am Zielbahnhof trifft eben ein Gruppe Kinder aus der

Ukraine ein, die von Flüchtlingshelfern in Empfang genommen wird. Meine Freundin empfängt mich mit offenen Armen und bestens vorbereitet. Auf mich warten ein voller Kühlschrank, ein köstlicher Tee, der *Perfect Day* heißt, und zahlreiche andere Überraschungen. Wie gut es tut, eine solche Freundin zu haben! Wir durchstreifen Charlottenburg, wie du und ich es auch oft taten. Wenn ich mich zu sehr in der Vergangenheit verliere, erinnert sie mich daran, dass es auch schwierige Beziehungsmomente gab und führt mich an Orte, die ich noch nicht kenne. Wir essen Meringues bei Aux Merveilleux de Fred am Olivaer Platz. Eigentlich mag ich keine Meringues, aber diese sind so außergewöhnlich und köstlich, dass ich mein Vorurteil begrabe. Mir wird bewusst, dass es meine Trauer lindert, Dinge zu tun, die ich noch nie tat. Ich schlafe wie ein Stein bei meiner Freundin und mehr und besser als in den vergangenen 16 Monaten. Es ist, als fiele mitten in Berlin eine Last von mir ab, die ich viel zu lange mit mir herumgeschleppt hatte. Doch es bleibt eine kurze Verschnaufpause. So schnell und unverhofft, wie sie kam, ging sie auch wieder.

Die Therapeutin fragt mich, wie es in Berlin war. Ich antworte, »gut, schön« und breche dabei in Tränen aus. Schlagartig ist mir klar, dass nichts mehr jemals so sein wird, wie es einmal war. Mein Leben hat sich total verändert, und das ist unendlich traurig, weil ich

178

dem noch nicht zustimmen kann. Ich spreche es aus. Sie nickt bestätigend und sagt: »Ja, ihr Leben hat sich verändert.« Stille.

Wie es weitergeht, weiß ich nicht. Ich weiß nur, dass dein Tod immer tiefer in mich einsinkt und mich der Trennungsschmerz wieder und wieder einholt. Trauer pflügt das Seelenfeld heftiger als man sich vorstellen kann. Trauer wühlt unsere Seele in einer Form auf, die unikal ist. Unser Verlust stürzt uns in die tiefsten Gründe der Seele, und von dort müssen wir erst einmal wieder auftauchen lernen, was nicht einfach ist. Das Unumkehrbare sitzt tief und schmerzt unendlich. Zeitgleich ist da der starke Zug des Lebens im Außen. Daraus entsteht ein riesiges Spannungsfeld gepaart mit Stress. Wenn sich eine Situation so dramatisch verändert, wird alles fragil und ungewiss und das auf eine Weise, die unvertraut ist. Für ein glückliches Weiterleben ist es mit Sicherheit bedeutsam, dass das ganze Feld gepflügt wird und dass es uns irgendwann gelingt, den Kopf wieder über Wasser zu kriegen. Das aber kostet viel, viel Kraft. Wenn wir es schaffen, werden wir reich beschenkt, diese Gewissheit trage ich in mir. Sie gibt mir den Mut weiterzumachen und nach vorn zu schauen, auch wenn mir das an manchen Tagen sehr schwerfällt. Der Tod ist ein Klartexter. Er zeigt uns in aller Deutlichkeit, was es heißt, zu lieben und geliebt zu werden. Er lässt uns begreifen, dass jede

Art von gelungenem Miteinander ein großer Glücksfall ist. Der Verlust des Menschen an unserer Seite offenbart seine Einzigartigkeit und den Geist, den er über den Tod hinaus für uns als Vermächtnis bereithält. Uns wird bewusst, dass wir noch viel mehr hätten küssen und schäkern, streiten und verzeihen, uns hingeben und zurücknehmen sollen. Wenn ich einen Rat geben darf, dann ist es dieser: Liebe. Liebe hell und liebe dunkel. Die Wellenbewegungen des sich Aufeinander-Zubewegens und des sich Voneinander-Wegbewegens gehören zu einer Beziehung wie die Luft zum Atmen. Sei ruhig wütend, aber nicht nachtragend, traurig, aber nicht leidend, ängstlich, aber nicht mutlos. Gib dich in allem zu erkennen, sei der Mensch, der du bist, ohne auf den Einklang mit dir selbst zu verzichten. Die eigene Tonfarbe ist wesentlich für die Beziehungssinfonie, ja, wesentlich für den Klang des Universums. Wir sind angehalten, wir selbst zu sein und durch unser Selbstsein die Welt zu bereichern. Es gibt kein Später. Das Wenn-dann ist eine Illusion, eine Vorgaukelei, mit der wir uns auf etwas vertrösten, das so nie kommen wird. Alles ist immer jetzt und oder nie. Ein Trost ist, dass der Lichtstrahl der Liebe auch in unsere dunkelsten Stunden fällt. Das Licht und die Leichtigkeit, mit der es uns durchdringt, sind immer da. Immer stehen Engel parat, die zu helfen bereit sind, die uns mitnehmen, einbinden, nicht vergessen. Wir müssen sie nur erkennen und uns ihnen anvertrauen. Wichtig ist auch, sich klarzumachen, dass wir nicht immer stark sein müssen, dass wir unsere eigenen Flügel hängenlassen dürfen, schwach sein dürfen. Jeder Mensch hat solche Tage. Es gibt Tage, an denen wir nur noch liegenbleiben möchten. Tage, an denen uns Sorgen überrennen, die Angst in unseren Eingeweiden nistet. Tage, an denen Zweifel an uns nagen, uns Sinnlosigkeit überfällt. Zeiten, in denen wir nicht in der Lage sind, die Verantwortung zu tragen, die wir sonst gerne übernehmen. Tage, an denen wir vor Reizbarkeit und Wut aus der Haut fahren könnten. Daran ist nichts Falsches, das ist die gefühlte Wahrheit unseres Seins, die da sein darf. Sie zu verdrängen, wäre ein Irrtum, ganz im Gegenteil, gerade dann müssen wir uns sehr gut um uns selbst kümmern, müssen uns von Herzen lieben, insbesondere wenn wir glauben, es nicht verdient zu haben. Wenn ein Teil von uns weggenommen ist, wir in Stücke zerbrochen sind, dann verbirgt sich dahinter auch eine Chance, nämlich die Chance auf Neuzusammensetzung. Das setzt voraus, dass wir bereit sind den Schmerz anzunehmen, ohne uns der damit verbundenen Transformation zu verweigern. Akzeptanz lautet das Zauberwort in diesem Zusammenhang. Es stammt aus dem Lateinischen und meint, »etwas wie ein Geschenk zu empfangen«. Gelingt Akzeptanz, verliert der Schnitter seine Schärfe, das Dunkel des Abschieds wird vergoldet. Das Gefühl des Abgetrennt-Seins hat nämlich eine positive

181

Kehrseite: Wir erkennen und fühlen die Bedeutung von Verbundenheit, von Liebe, von dem, was wirklich wichtig für uns ist. Für einen Narzissten ist der Tod die letzte Kränkung. Für denjenigen, der das Leben in seiner Tiefe begreift, zählt er zur letzten Ordnung dieser Welt. Und in dieser Ordnung endet eine Beziehung nicht mit dem Tod. Sie setzt sich fort. Anders, aber sie setzt sich fort, denn der geliebte Mensch bleibt in unserer inneren Welt lebendig. Für den Schmerz aus Liebe kann es deshalb nur einen einzigen Grund geben – wir sollen lernen, die Saat des Liebens und Geliebt-Werdens noch besser aufgehen zu lassen, die letzten Abwehrmechanismen zu beseitigen, die Furcht vor der Auflösung durch Liebe zu überwinden. Wie viele Angriffsgedanken hegen wir gegen die Liebe, wie vielen Urteilen geben wir nach, wie viele Pläne schmieden wir im Hinblick auf die Zukunft, weil sie uns unsicher erscheint? Alles Ablenkungsmanöver und falsche Einordnungen, auch mir nur allzu vertraut. Und wie oft lassen wir uns wirklich ganz und gar ein? Ich fühle mich noch immer in deiner Liebe verloren, dementsprechend stark sind meine Reaktionen, meine Verzweiflung, meine Lethargie. Aber es gibt diese Lichtblicke – da rührt sich etwas in mir. Dann fühle ich deine Nähe, aber anders, freudig und voller Zuversicht. Ich spüre die Ästhetik, die uns verband, sehe dich lachen und mir ermunternd zuwinken. Dann lächle ich über das Glück, das das Leben uns schenkte. Letztlich ist mir bewusst, dass alles sterben muss, damit Raum für Neues und Regeneration entsteht. Der Tod ist der große Gestalter, der alles und nichts vereint.

Gibt es ein gutes Sterben? Ich weiß es nicht. Dein Tod war würdevoll, du hast ihn mit großer Grandezza gemeistert. Du wolltest nicht über deinen eigenen Verfall hinaus leben, hast es festgeschrieben und zuletzt auch vehement eingefordert. Wenn das Leben entscheidet, gehen zu wollen, ist es vermutlich Zeit, unseren Willen aufzugeben und auf das Leben zu hören, denn es ist klüger als wir. Ist es nicht ein Drama, wenn wir als menschliche Wracks von Apparaten künstlich am Leben gehalten werden und unser Leiden unnötig verlängert wird, obwohl wir längst bereit wären?

Die größte Gefahr für mich ist das alte Fahrwasser. Wir Menschen halten krampfhaft an unseren Schöpfungen fest, selbst wenn sie längst nicht mehr stimmig für uns sind. Wir hasten getrieben von einem zum anderen und geben uns dabei ständig dem Irrglauben hin, wir hätten noch jede Menge Zeit. Doch das stimmt nicht. Hundert Jahre sind kurz, ein Wimpernschlag, der im Nu verfliegt. Jeder Tag, an dem wir versäumen, unsere wahre Essenz zu leben, jeder Tag, dem die Inbrunst fehlt, die immer mit Herzensbildung zu tun hat, ist ein verlorener Tag. Wir alle stehen in der Warteschlange des Sensenmannes. Dein Sterben hat mir das verdeutlicht, rückte mir meinen eigenen Tod näher. Die Endgültigkeit deines Abschieds enthält einen Weckruf, der mich immer wieder wachklingelt. Er verlangt etwas, das wir alle tagtäglich trainieren sollten: psychische Flexibilität. Denn nichts ist für immer in dieser Welt. Du hast mich oft zu lehren versucht, wie einmalig jeder Augenblick und jede Begegnung ist, hast mein Augenmerk für das Wesentliche auf deine Art geschärft. Noch vermag ich die Gaben nicht ganz anzunehmen, aber ich hoffe sehr, es eines Tages zu können. Das Leben ist auf meiner Seite, das weiß ich. Was geschieht, geschieht. Und was geschehen ist, lässt sich nicht mehr ändern. Unsere Angst loszulassen, ist die Illusion einer letzten Kontrolle, die wir weder besitzen noch jemals besessen haben. Dennoch halten wir verzweifelt an dieser Illusion fest, weil wir meinen, sie würde uns Halt und Sicherheit geben. Am Ende aber hält und schmerzt uns genau das, was wir festzuhalten versuchen.

Danksagung

Ich danke unseren Kindern Tobias und Alice für ihren Halt, ihre Liebe und ihre Fürsorge in einer unfassbar schweren Zeit.

Ich danke unseren Freunden Julia und Günter für ihre Bereitschaft, Tag und Nacht für mich da zu sein.

Ich danke unseren Freunden Sonja und Wolfgang für die Selbstverständlichkeit, mit der sie mich in meiner Trauer unterstützten, indem sie sie bedingungslos teilten.

Ich danke Bruno Baumann und Inka Jochum, die mich bei sich aufnahmen, als ich sehr verloren war.

Ich danke unserer Enkeltochter Sophia, die mich immer wieder zum Lachen bringt, mir das Lied des

Lebens singt und die sich an dich erinnert, obwohl sie erst drei war, als du starbst.

Ich danke Madlen Sophie, die dieses Manuskript freundschaftlich in ihre sanften Hände nahm, es korrigierte und mir Unstimmigkeiten vor Augen führte.

Manchmal reißt das Schicksal Lücken in unser Leben. Menschen, die dann für uns da sind – wohlwissend, dass sie die Lücken niemals füllen, sondern nur unseren Schmerz ein wenig lindern können – sind von unschätzbarem Wert. Danke ist ein viel zu kleines Wort, um diesen unschätzbaren Wert auszudrücken.

USCODA Publishing Stecher
Postfach 11 (Mittelstädter Straße 1)
72658 Bempflingen
mail@uschiconstanzedavid.de

Auflage November 2022
© 2022 Constanze David / USCODA Publishing Stecher
All rights reserved including the rights of reproduction
in whole or in part in any form.

Umschlaggestaltung: Sabine Albrecht, www.benisa-werbung.de
Umschlagbild: ©Depositphotos/HayDmitriy
Satz: Sabine Albrecht
Herstellung und Verlag: BoD – Books on Demand,
Norderstedt

ISBN: 9783756888214